柏林
法蘭克福
科隆 萊茵河

37 City Target

作者朱月華‧墨刻編輯部
攝影墨刻編輯部
特約主編朱月華
美術設計李英娟‧董嘉惠（特約）
地圖繪製墨刻編輯部

出版公司
墨刻出版股份有限公司
地址：115台北市南港區昆陽街16號7樓
電話：886-2-2500-7008／傳真：886-2-2500-7796
E-mail：mook_service@hmg.com.tw

發行公司
英屬蓋曼群島商家庭傳媒股份有限公司城邦分公司
城邦讀書花園：www.cite.com.tw
劃撥：19863813／戶名：書虫股份有限公司
香港發行城邦（香港）出版集團有限公司
地址：香港九龍土瓜灣土瓜灣道86號順聯工業大廈6樓A室
電話：852-2508-6231／傳真：852-2578-9337
E-mail：hkcite@biznetvigator.com
城邦（馬新）出版集團 Cite(M) Sdn Bhd
地址：41, Jalan Radin Anum, Bandar Baru Sri Petaling,
57000 Kuala Lumpur, Malaysia.
電話：(603)90563833／傳真：(603)90576622
E-mail：services@cite.my

製版‧印刷漾格科技股份有限公司
ISBN978-626-398-036-5‧978-626-398-033-4(EPUB)
城邦書號KV4037　初版2024年7月
定價360元
MOOK官網www.mook.com.tw
Facebook粉絲團www.facebook.com/travelmook
MOOK墨刻出版 www.facebook.com/travelmook
版權所有‧翻印必究

柏林.法蘭克福.科隆.萊茵河 / 朱月華,
墨刻編輯部作.-- 初版.-- 臺北市：墨刻
出版股份有限公司出版：英屬蓋曼群
島商家庭傳媒股份有限公司城邦分公
司發行, 2024.07
208面；16.8×23公分.-- (City Target；37)
ISBN 978-626-398-036-5(平裝)

1.CST: 旅遊 2.CST: 德國

743.9　　　　　113008480

墨刻整合傳媒廣告團隊
提供全方位廣告、數位、影音、代編、
出版、行銷等服務
為您創造最佳效益
歡迎與我們聯繫：
mook_service@mook.com.tw

執行長何飛鵬
PCH集團生活旅遊事業總經理暨墨刻出版社長李淑霞

總編輯汪雨菁
資深主編呂宛霖
採訪編輯趙思語‧李冠瑩
叢書編輯唐德容‧林昱霖
資深美術設計李英娟
資深美術設計主任羅婕云
影音企劃執行邱茗晨

資深業務經理詹顏嘉
業務經理劉玫玟
業務專員程麒
行銷企畫經理呂妙君
業務行政專員呂瑜珊
行銷企畫主任許立心

印務部經理王竟為

紀念碑上最著名的雕像就是Walküre女神，也被稱為代表日耳曼民族的「一日耳曼尼」勝利女神像。

遊客坐纜車上山後，可步行下山，或走到另一邊的阿斯曼斯郝森(Assmannshausen)再坐纜車下山。

⑬ 呂德斯海姆纜車與尼德森林紀念碑
Seilbahn Rüdesheim und Niederwalddenkmal

普法戰爭中普魯士大獲全勝，德皇威廉一世為宣示勝利，在此豎立了睥睨萊茵河畔的勝利女神雕像。你可從呂德斯海姆選擇步行或是搭乘纜車，來到海拔225公尺的尼德森林紀念碑，紀念碑揭幕於1883年，雕像高達10.5公尺，底座高度也有37.6公尺，整體規模雄偉壯觀。
而呂德斯海姆纜車為2人座的包廂小纜車，全長為1,400公尺，單程約10分鐘左右；纜車的出現帶來了便利性，也帶動了當地的旅遊觀光。
🚶P.202 🚃搭乘火車至Rüdesheim (Rhein)站，或搭乘KD遊輪至Rüdesheim碼頭。從火車站或碼頭步行約6分鐘可達纜車站。 🏠Oberstr. 37, Rüdesheim am Rhein ☎(0)6722 2402 ⏰纜車3~4月及10月9:30~17:00 (週末及週日至18:00)；5月每日9:30~18:00，6月及9月9:30~18:00 (週末及週日至19:00)，7~8月每日9:30~19:00。聖誕市集期間每日11:00~18:00。 休11~2月停駛。 💲單程成人€6.5、5~15歲€3.5，來回成人€10，5~15歲€5。 🌐www.seilbahn-ruedesheim.de

⑭ 埃爾特村
Eltville

埃爾特村是羅馬統治時期貴族們度假的別墅區，後來也被遴選為美因茲大主教的別館所在地長達150年之久。今日，埃爾特村雖只是座僻靜村莊，但仍留存著昔日美因茲大主教——選帝侯的城堡，當年美因茲人民群起反抗大主教的高壓統治時，大主教就是在這座城堡寓所中避難。
🚶P.202 🚃從美因茲每小時一班火車前往，中途需在威斯巴登轉車，車程34分鐘。或搭乘KD遊輪至Eltville碼頭。

來此可參觀古代的高級住宅區，體驗古羅馬富豪的假日。

Did YOU KnoW
埃爾特還有一好一美

·埃爾特其實是著名的氣泡酒(Sekt)城，其所位於的萊茵高(Rheingau)是德國13個優質葡萄酒產區之一，由於日曬充足，大多種植全球最佳白葡萄品種之一的Riesling，並產出經典的白葡萄酒。
·埃特爾在19世紀末，就因玫瑰花的盛興造成轟動，德國玫瑰培植協會並於1988年賦予其「玫瑰之城」的美譽，現在每年6月第一個週末，都會舉辦玫瑰日，展示與玫瑰有關的佳餚、精油、文學作品，同時也有藝文節目的演出。

柏林

法蘭克福
科隆 萊茵河

37

City Target

MOOK

柏林
法蘭克福
科隆 萊茵河

37

City Target

contents

本書所提供的各項可能變動性資訊，如交通、時間、價格、地址、電話或網址，係以2024年6月前所收集的為準；但此類訊息經常異動，正確內容請以當地即時標示的資訊為主。
如果你在旅行中發現資訊已更動，或是有任何內文或地圖需要修正的地方，歡迎隨時指正和批評。你可以透過下列方式告訴我們：
寫信：台北市115南港區昆陽街16號7樓
傳真：02-25007796
E-mail：mook_service@hmg.com.tw
FB粉絲團：「MOOK墨刻出版」www.facebook.com/travelmook

！勝利女神竟然被擎破崙擄走了！◎咖哩香腸打哪來？◎學法蘭克福人喝蘋果酒◎不是只有銅
敢面對歷史過錯的德國人◎空無一人的鬼站◎史塔西有多壞──先來看──《竊聽風暴》◎想
隆有哪3K？◎浮誇也能生出一座世界遺產──奧古斯都堡◎巴哈也曾來布蘭登堡找工作！◎萊
◎法蘭克福命名由來──厲害的渡口！◎萊
飛屠龍神話──走向外地的女妖歌聲◎德國
品？◎什麼！勝利女神竟然被擎破崙擄走了！◎咖
世今生◎勇敢面對歷史過錯的德國人◎空無一人
之寶◎科隆──浮誇也能生出一座世界遺
討厭國會──教堂，那威
克納另──科隆！◎龍
了綠迷不──裡也看得到
什麼？！最──門！◎尼古
◎海德──才得以看
超認真的音樂家◎羅德伯格皮爾森啤酒的誕生

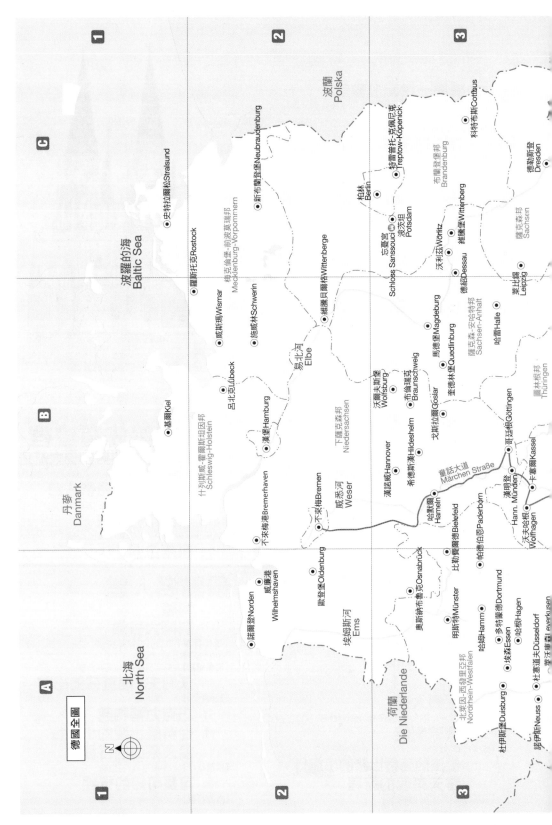

德國全圖

N

北海
North Sea

丹麥
Danmark

波羅的海
Baltic Sea

基爾Kiel

史特拉爾松Stralsund

羅斯托克Rostock

威斯瑪Wismar

梅克倫堡-前波莫瑞邦
Mecklenburg-Vorpommern

施威林Schwerin

新布蘭登堡Neubraudenburg

波蘭
Polska

特雷普托-克佩尼克
Treptow-Köpenick

科特布斯Cottbus

柏林
Berlin

布蘭登堡邦
Brandenburg

忘憂宮
Schloss Sanssouci
波茨坦
Potsdam

沃利茲Wörlitz

維滕堡Wittenberg

德勒斯登
Dresden

薩克森邦
Sachsen

德紹Dessau

萊比錫
Leipzig

什列斯威-霍爾斯坦因邦
Schleswig-Holstein

呂北克Lübeck

漢堡Hamburg

易北河
Elbe

維滕貝爾格Wittenberge

馬德堡Magdeburg

薩克森-安哈特邦
Sachsen-Anhalt

哈雷Halle

諾爾登Norden

威廉港
Wilhelmshaven

奧登堡Oldenburg

不來梅港Bremerhaven

不來梅Bremen

威悉河
Weser

下薩克森邦
Niedersachsen

漢諾威Hannover

希德斯漢Hildesheim

沃爾夫斯堡
Wolfsburg

布倫瑞克
Braunschweig

戈斯拉爾Goslar

奎德林堡Quedlinburg

圖林根邦
Thüringen

埃姆斯河
Ems

奧斯納布魯克Osnabrück

比勒費爾德Bielefeld

帕德伯恩Paderborn

哈默爾恩
Hameln

童話大道
Märchen Straße

哥廷根Göttingen

漢明登
Hann. Münden

卡塞爾Kassel

荷蘭
Die Niederlande

明斯特Münster

哈姆Hamm

多特蒙德Dortmund

哈根Hagen

沃夫哈根
Wolfhagen

北萊因-西發里亞邦
Nordrhein-Westfalen

杜伊斯堡Duisburg

埃森Essen

杜塞道夫Düsseldorf

諾伊斯Neuss

勒沃庫森Leverkusen

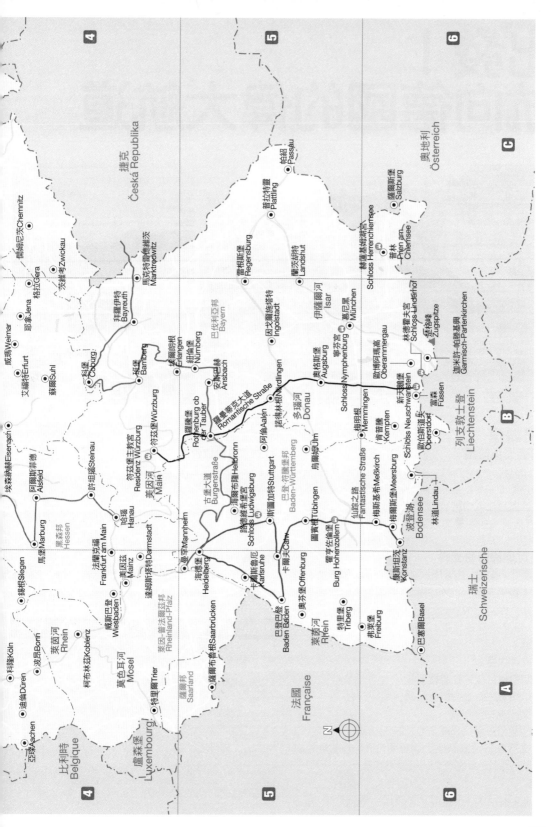

出發！
航向德國的偉大航道

簽證辦理
短期觀光免簽證

　　從2011年1月11日開始，國人前往包含德國在內的歐洲36個國家和地區，無需辦理申根簽證，只要持有效護照即可出入申根公約國，6個月內最多可停留90天。有效護照的定義為，預計離開申根區時最少還有3個月的效期，且護照上註明有台灣身份證字號。

還是可能被查驗文件

　　但要注意的是，儘管開放免簽證待遇，卻不代表遊客可無條件入境，入境申根國家可能會被海關要求查驗相關文件，雖然在一般情形下這些文件不一定會用得上，但還是盡量齊備，以備海關人員心血來潮，要求查驗。

這些文件包括：

①來回航班訂位紀錄或機票
②赴申根國家的旅遊醫療保險保單
③英文或德文行程表
④當地旅館訂房紀錄或當地親友邀請函
⑤英文存款證明或其他足以證明自己能在當地維生的證明、公司名片或英文在職證明等等。

其他

　　如有其他相關問題，或是要辦理非觀光簽證，可洽

詢德國在台協會：

◎ 德國在台協會
⌂ 台北市信義路五段7號33樓
☏ (02) 8722-2800
🔗 taipei.diplo.de

飛航資訊

　　台灣飛航德國主要航空公司見下，其中除了中華航空直航法蘭克福及長榮航空直航慕尼黑外，其他航空公司都得先轉機至其他城市再前往。

航空公司	電話	網址
中華航空	412-9000 (手機加02)	www.china-airlines.com
長榮航空	(02)2501-1999	www.evaair.com
德國 漢莎航空	(02) 2325-8861	www.lufthansa.com
泰國航空	(02) 2515-0188	www.thaiairways.com
新加坡航空	(02) 7750-7708	www.singaporeair.com
國泰航空	(02)7752-4883	www.cathaypacific.com
阿聯酋航空	(02)7745-0420	www.emirates.com

德國鐵路攻略

德國是自助旅行最容易的國家之一，其中一個重要原因，就在於鐵路系統很發達，不但鐵路網綿密、搭乘方式便利，而且班次精確準時、速度快，只要搞定德鐵，就能搞定國內交通。德國鐵路由德鐵公司(DB)經營，搭乘方式容易，票種和車種雖有點複雜，但只要釐清其中差異，就能買到適合的票。

德鐵火車車種

貴但快又好──ICE

德鐵代表性列車ICE(Inter City Express)，是全世界最優質的高速火車之一。與日本新幹線不同，ICE所行駛的軌道與一般列車一樣，而且與其他車種使用同一個車站，不但安全舒適、時速超高，在搭乘及轉乘上也十分便利。ICE往來行駛於德國各大城市間，也是在長距離的旅行中最常搭乘的車種。

頭等車廂和二等車廂間設有可享受美食的餐車，以及供應點心、咖啡的簡餐車，此外，不時也會有小餐車穿梭在各車廂之間。

經濟舒適的選擇──IC

如果說ICE是高鐵，那麼IC(Inter City)就像是自強號，IC也許沒有ICE的名號響亮，但速度與車廂設備同

持通行證盡量搭ICE，持單程票則需考慮！

ICE的票價是各類車種中最昂貴的，因此，在售票機購票時，會有「除了ICE以外其他車種」的選項，就是避免不打算搭ICE的乘客誤購。

因此，若你使用的是德鐵通行證，就盡量搭乘ICE；但若是購買單程票，就要考慮在時間和預算上是否值得花這個錢了。

防人之心不可無

若是搭乘軟座車廂，或是和陌生人同睡一間臥鋪車廂，貴重的物品還是要隨身攜帶，以免遺失。

樣讓人有舒適的享受，時速最高也達200公里。同時，IC列車上也有餐車車廂和小餐車服務，適合需要長程旅行卻又不打算負擔ICE高額票價的旅人。

跨國專用──EC

EC(Euro City)與IC的等級相同，但能跨越兩國以上國境，可從德國乘EC到丹麥、奧地利、義大利、法國、波蘭等歐洲其他國家。

區域性列車──RE、IRE、RB

除了ICE和IC等長程列車外，還有RE(Regional Express)、IRE (Inter Regio Express)、RB(Regional Bahn)等區域性或短距離列車，行駛不超過一邦的範圍，主要是補充ICE、IC鐵路網的不足與長距離列車的轉乘。

有些區域性列車設備非常新穎，外觀設計也很時髦，不但有雙層車廂，並有特別為腳踏車設計的停放空間。由於車次非常密集，因此在大城市周邊旅行，或往來於次級城市之間時，有非常多機會可以搭乘到。

市區交通工具──S-Bahn

S-Bahn(Stadtschnellbahn)行駛於大都市及其周邊郊區之間，有點像是我們的區間車，在德國各城市都可看得到，不但是市區內重要交通工具，也是通往都市郊區最便利選擇。

跨國夜車──Nightjet

在都市之間長途旅行，如果出發時間已是晚上的話，便有機會坐到夜行列車。目前歐洲夜車由奧地利國鐵(OBB)的旗下品牌Nightjet所營運，主要行駛範圍在德國、瑞士、奧地利與義大利之間，所有班次都可於第二天早上抵達目的地市中心。

其車廂分為可以把腳伸直的軟座包廂、獨立私人空間的硬臥包廂、包含廁所與早餐的套房包廂三種等級。雖然夜車的票價較貴，但睡在車上可以省下投宿旅館的錢，而且也會是相當特別的體驗。

票券種類
德鐵通行證Rail Pass

　　若是要在德國一次旅行許多城市，最佳方式就是擁有一張德鐵通行證。德國國鐵所發行的通行證可在規定的日期天數內不限次數搭乘DB的所有車種，包括ICE、IC、RE、RB及S-Bahn等(要注意的是，通行證並不能用於搭乘U-Bahn及公車)。由於通行證的發售對象為入境旅客，因此無法在德國國內買到，必須先在台灣向有代理德鐵票務的旅行社購買。

◎德鐵通行證2024年票價(不含開票手續費)：

效期	票種	成人個人票		青年個人票	
	廂等	頭等車廂	二等車廂	頭等車廂	二等車廂
連續	連續3天	€267	€200	€215	€160
	連續4天	€304	€228	€243	€183
	連續5天	€336	€252	€269	€201
	連續7天	€391	€293	€314	€234
	連續10天	€474	€345	€380	€276
	連續15天	€652	€474	€521	€380
彈性	1個月任選3天	€282	€211	€226	€170
	1個月任選4天	€320	€240	€256	€192
	1個月任選5天	€354	€265	€283	€212
	1個月任選7天	€412	€308	€330	€247
	1個月任選10天	€527	€384	€422	€307
	1個月任選15天	€725	€527	€580	€422

以上票價單位為歐元／每人。青年票適用於12~28歲青年。每位成人可帶2名4~11歲兒童同行，同行兒童車票免費，但仍需開票，並支付開票手續費。4歲以下不佔位幼兒無需開票。

超佛心！優惠四重奏，買張通行證給你多更多！

免費大帶小：每位大人可免費攜帶至多兩名4~11歲兒童。若兒童不與大人同行，則須支付青年票票價；而兒童若需訂位，亦須額外支付訂位費。

八折搭渡輪：使用德鐵通行證可以八折搭乘由Deutsche Rheinschiffahrt GmbH公司營運之萊茵河渡輪科隆(Köln)至美因茲(Mainz)間，及Mosel河畔的柯布林茲(Koblenz)到科漢(Cochem)間的普通航班，詳細資料網址：www.k-d.com。

五折搭Volcano Express：搭乘往返Brohl和Engeln的Volcano Express(Vulkan-Expreß)，可享五折優惠。

九折購城市卡：購法蘭克福卡(Frankfurt Card)和紐倫堡卡(Nürnberg Card)享九折優惠。

Did YOU KnoW

通行證使用注意事項

1. 通行證需於開立後11個月內開始啟用，目前所有通行證已全面改用電子票券，須事先在手機下載安裝Rail Planner的APP(請確認手機符合系統要求)，並於第一次上車前在APP上輸入姓名與通行證號碼以啟用生效。
2. 每次上車前都要先用APP建立行程(Trip)，並將行程與Pass連結。
3. 若搭乘的是跨日的夜車，遇到查票時請出示上車日那天的車票。
4. 部份車站月台設有閘門，請使用APP上的QR Code開門過閘。
5. 至少每3天要開啟APP上線一次。
6. 通行證不包含事先訂位的手續費用，一般而言，德國火車沒有強制訂位的要求，但若是遇到商展或嘉年華會期間，最好還是先訂位。
7. 請特別注意，持有通行證搭乘夜車時，需要補付差額。

一般車票

可在車站自動售票機或德鐵櫃台購買，也可在德鐵網站上以刷卡的方式訂購(將購票憑據列印下來，即可當作車票使用，查票時需連同付款信用卡一起查驗)，通常購買來回票會比買兩張單程票便宜。

到底要買通行證、一般車票，還是德國鐵路卡？

如果只去一、兩個城市，或是旅遊行程範圍不大，建議購買一般車票就可以了，但若要在好幾個城市間做長距離旅行，購買通行證比較划算，至於鐵路卡，只建議長時間在德國生活或搭乘次數相當多的人使用。

德國鐵路卡(BahnCard)

BahnCard 25可享全年購票七五折，BahnCard 50則享全年購票五折優惠，BahnCard 100更可全年免費搭乘火車。但是BahnCard本身也不便宜，因此要搭得夠多才划算。

邦票 Länder-Tickets

邦票可在效期內不限次數搭乘，不過，搭乘範圍不能跨越邦境，且只能搭乘RE、RB等邦境之內的區域性火車，不適用於ICE、IC等全國性列車。持邦票者，搭乘的是二等車廂，不過有些邦票可以加價升等。此外，邦票也可用來搭乘各地區的市區大眾運輸系統，包括S-Bahn、U-Bahn、公車等。

柏林、漢堡、不來梅等三個城市邦，與其外圍的大邦合用邦票。每個邦的邦票價錢、適用人數及使用規則都不盡相同，在售票機上，各邦票的選項後方會有個(i)的按鈕，按下後會有詳盡說明(本書各相關城市資訊也有各邦票的使用規則)。

Did YOU KnoW

買到邦票後必須簽名

因為邦票不能轉讓，買到票後必須在上面簽名，以備查驗。

搭車資訊

查詢火車時刻

進入火車站,先在大看板上查看列車到站時刻及搭車月台資訊,亦可在售票機購票時,留意是在第幾號月台搭車,到了月台就可看到火車到站及離站時刻表。

訂位

德鐵列車基本上不需要訂位,並且在購買一等車廂與夜車的車票時,車票中已包含訂位。不過如果使用德鐵通行證,又遇到大型商展或嘉年華會,最好還是先訂位比較保險,例如十月啤酒節期間開往慕尼黑的各班列車,別說是頭等車廂,就連二等車廂的不訂位座位都很有限。

無論使用德鐵官網、自動售票機,或在櫃檯窗口,購買車票時都可順便訂位。若已持有德鐵通行證,在官網上可選擇「Reserve a seat only」,也就是只訂位不購票的選項;而在自動售票機的起始頁面,則是從左下角的區塊前往只訂位不購票的功能。

訂位手續費並不包含在德鐵通行證內,因此即使持有通行證,訂位時還是得額外付這筆錢。訂位成功後,該車次座位上方或包廂門外的電子顯示板就會亮起起訖站名,其他沒有訂位或行程不同的人,就不能在這個座位上坐下。

確認列車及車廂

月台佈告欄上貼有該月台進站的所有列車各級車廂的上車對應位置,根據自己買的車廂等級,先到相應的上車區域等待,免得火車進站之後才開始匆忙奔跑。

在火車車身及連結各車廂的門上,會有1及2的標示,表示該車廂為頭等或二等車廂,若買頭等車廂的票,可自由選擇坐在各級車廂,但若是買二等車廂的票,可要注意別坐到頭等車廂的座位。

車門上除了標示車廂等級,也有一些其它標誌,表示這節車廂的屬性,例如輕聲、可使用行動電話,或附有殘障座位等,可視自己的需要選擇車廂乘坐,也請記得遵守車廂內的規定。

Double Check才放心

基本上德國的火車很準時,可依時刻表上標示的時間來判斷何時該下車,不過德國火車也不是一分不差,偶爾也會誤點,建議在下車時還是再確認一下站名是否和車票上的站名一樣。

除了要繳納高額罰款，還可能被拘捕留下不良紀錄。開放式月台是建立在對人心的信任上，給予乘客方便，絕對不要因為貪圖小便宜而去破壞這種信任。

Did YOU KnoW

車票是否需要打印？

上車前是否需要打印啟用日期及時間？這件事一直困擾許多人，這裡提供一些參考依據。打印的用意在於為這張票的使用效期做出明確定義，由於德國運輸系統大部分都沒有設置票口閘門，任何人都能隨意進入月台，如果沒設立打印制度，就算一張票用了好幾天，查票人員也不會知道，所以要求在使用之前打上時間，讓效期判斷有所依據。換言之，若是車票上本身就已標明日期、時間，就沒有打印的必要了。

開車門

德國火車車門開啟採半自動式，若火車停在鐵軌不動，但車門已關閉時，可別以為火車要開走了，只要車門上的按鈕燈還亮著，就可按鈕開門；下車也是。有些舊式火車則要旋轉門上的手把才能開啟。德國火車對殘障人士及老年人的服務很周到，只要在月台邊按下服務按鈕，就會有專人幫忙鋪板子或攙扶上下車。

不對號入座

德國火車並沒有對號入座，只要看到空位便可坐下，但是在搭乘ICE時，如看到座位上方的電子顯示板上有起訖站的名稱，表示這座位有人訂位，請勿入座，除非顯示站名和你的行程沒有衝突，表示該訂位的乘客在你下車後才會上車，那麼也可放心坐下。

◎行李

在座位上方皆有置物架可以放置隨身行李，每節車廂的前後兩端也有較大的空間可供放置大型行李。不過，德國治安雖好，還是會有宵小之徒看準外國人下手，因此，最好讓自己的行李保持在視線範圍內，並不時投以目光，這樣便不容易成為下手目標。

◎查票

德鐵月台並無設置車票閘門，任何人都可隨意進出，但在火車上一定會遇到查票員，因此，絕對不要抱持僥倖心態搭霸王車，被抓到的話後果非常嚴重，

德國鐵路關鍵字彙

車站	Bahnhof
中央車站	Hauptbahnhof(簡稱Hbf.)
時刻表	Fahrplan
售票處	Fahrkartenschalter
出發	Abfahrt
到達	Ankunft
單程車票	Einfach
來回車票	Hin und Zuruck
頭等	Erste Klasse
2等	Zweite Klasse
入口	Eingang
出口	Ausgang
軌道、月台	Gleis
車掌	Schaffner
夜車	NachtZug
輕聲車廂	Ruhezonen
禁煙車廂	Nichtraucher
吸煙車廂	Raucher
轉乘	Umsteigen
接駁車	Anschlusse des Zuges
行李寄放處	Gepackaufbewahrung
寄物箱	Schliessfach
一日乘車券	Tageskarte
短距離車票	Kurzstrecke
長距離車票	Langstrecke
預約中心	Reisezentrum

德國行前教育懶人包

旅行前，最好要知道的事
旅館訂了嗎？

交通便捷性、房間舒適度和符合預算的價格是一般遊客最常考慮的幾個因素，首先，決定性的指標就是交通。

先排出大致的行程，確定想要去的地方並了解交通概況後，就可尋找相對交通方便的住宿點，例如預計前往多座城市的人，可考慮住在火車站附近；而定點旅遊的人如果想省錢，可住在稍遠離市中心但靠近地鐵站等大眾運輸設施的地點，它們通常能擁有比較實惠的價格。另外，也別忘了考量住宿區域附近的治安。

◎德國的住宿有哪些選擇？

德國的住宿種類非常多，按照類型和特色可分為飯店、青年旅館和旅社、民宿和出租客房、沙發客等多種，可以視人數、需求和預算來選擇。

◎不會德文、英文怎麼訂房？

不懂德文，對英文也很沒信心，要怎麼預訂飯店呢？其實現在許多國際訂房網站都有提供中文介面服務，想要訂房並不難。

◎怎麼知道哪家飯店比較好？

不妨上TripAdvisor或Agoda網站爬文，觀看來自世界各地的旅客在該旅館的實際住宿經驗，除了有旅店提供的照片外，還有住客自己拍攝的照片分享，讓人更能了解飯店實際狀況。

◎一定要事先訂房嗎？

若是在旅遊旺季，當然建議事先訂房。但如果不是旺季，其實只要先訂好比較確定的日期即可，例如剛入境的第一晚，或是特殊日子的晚上，這樣的好處是行程會比較彈性。

◎訂房小撇步

若是行程還有變動的可能，最好先訂「可以取消預約」的房型，才不會因為退訂被收取費用。如果百分之百確定要住，「不可退費」的房型則可以省下大筆旅費。

◎房型差很大

德國有許多小型旅館是由老房子改建，不見得每間客房都有獨立的衛浴設備，有些房間只有洗手台(Waschbecken)，或是附淋浴間(Dusche)、附馬桶(WC)，旅館網站上會在這類房間特別註明，或直接標示「衛浴設備在房間外」(Bad und WC am Flur)。這種需要與其他人共用浴廁的房型會特別便宜，訂房前請務必仔細查看房間設施。

1樓、2樓傻傻分不清楚

台灣人理解中的1樓，在德國稱為Erdgeschoß，也就是「地面樓層」。對德國人來說(其實不只德國，整個歐洲皆是如此)，要再往上爬一層樓才是1樓，也就是德國的1樓(1. Etage)在台灣算是2樓，依此類推。台灣旅客常在下樓按電梯時，直覺按下「1」的鈕，待電梯開門才發現在2樓。請記得，在德國要到1樓(地面層)，要按「E」或「EG」的鈕。

◎情侶請注意！

青年旅館宿舍與浴室是男女分開的。如果是情侶、夫婦與需要私密空間的旅人，青年旅館裡也有獨立衛浴的私人房間，只是價錢沒有比一般平價旅社便宜多少。

◎住宿不一定包含早餐喔！

一般星級酒店的標準房價是不含早餐的，但酒店也會推出含早餐的套裝方案，訂房時要看清楚。通常這些方案的價差，足夠你在街上吃好幾頓早餐。而便宜的旅館或汽車旅館，有時則會有簡單的早餐供應。

需要租車嗎？

雖然德國不論城市內外，大眾運輸都極為發達，開車向來不是人們旅行德國的主要交通工具，但是若要前往黑森林中較偏僻的小鎮，或是想在特定觀光路線上一站一站玩下去，開車還是比較方便。德國的公路系統也很發達，可別忘了，高架路面的高速公路概念當初就是德國人發明的，而無速限的公路也吸引不少人嚮往，尤其在德國租車很容易就能開到賓士或BMW，還真是過癮！

◎租車公司

德國的機場都有租車公司櫃檯進駐，雖然在機場租車會比在市區服務據點要來得貴，但租、還車都比較方便。如果擔心語言溝通的問題，也可以事先在網路上預約，不但可以好整以暇地挑選車型，還能仔細閱讀價格計算方式及保險相關規定，租起來比較安心。尤其在德國，開手排車的人還是占多數，如果到了當地才臨櫃辦理，經常租不到自排車，因此開不慣手排的人，強烈建議先在網路上預約車型。像是Hertz、Alamo、Avis、Europcar、Sixt等國際連鎖租車公司，都可以透過網路預約，雖然價錢比當地小型租車公司貴，但要甲地租、乙地還，比較容易找到據點。

◎租車價格

租車價格由各公司自定，根據車種、排氣量、租車天數而變動，可事先上網比價，通常在週末時租車公司會推出優惠促銷，值得好好利用，但要注意有些便

Did YOU KnoW

德國的高速公路真的無速限嗎？

德國無速限的高速公路向來令人嚮往，不過，並不是整條高速公路都沒有速限規定，在經過交流道或施工路段時，還是會看到速限標誌，要等到看見解除速限的標誌後，才能加速前進。要記住：這些路段上雖然沒有速度限制，但不代表可以橫衝直撞、任意穿梭，德國人就算飆車也還是很守規矩的。

市區速限通常是50公里，人口密集的住宅區速限是30公里，郊區及鄉間速限是100公里，至於高速公路雖然無速限，但明文規定的安全速度是130公里。

宜方案會限制每日行駛的里程數，超出里程需加收額外費用，如果預期移動距離較遠，記得選擇不限里程的方案。

德國的租車公司對承租的駕駛人常有年齡限制，而且每家公司不太一樣。大致說來，25歲以下的駕駛人常會被收取一筆「以日計價」的差齡費，同時，多數租車公司希望駕駛人持有駕照1年以上，否則也可能會有額外費用，請多加注意。

此外，還有幾個因素會影響租車價格：手排車比自排車便宜、原地還車比異地租還便宜、在市區服務處租車比在機場或火車站租車便宜、高級汽油車比柴油車便宜。

◎取車

租車基本上有兩種方式：一是事先透過網站訂好車子，到了機場憑預訂號碼取車，一是直接到櫃檯臨櫃辦理。拿到鑰匙後，記得先檢查車體有無損傷，以免還車時產生糾紛。發動引擎，檢查油箱是否加滿；調整好座椅與照後鏡，弄清楚每個按鍵的位置，並詢問該加哪一種油，然後就可以出發上路！

◎保險

租車的保險都是以日計價，租得愈久，保費愈貴，以下是可能會接觸到的險種：

碰撞損毀免責險(Collision Damage Waiver，簡稱CDW)

這項保險保的是租車在事故中的損壞。雖然交通意外不常發生，但在人生地不熟的地方開車，刮傷時有所聞，因此這項保險建議一定要保。

竊盜險(Theft Protection，簡稱TP)

雖然德國治安不差，但偷車倒也不是罕見案例，若車子不幸被偷，與賠償金額相比，TP的保費就顯得微不足道了。

個人意外險(Personal Accident Insurance，簡稱PAI)

這項保險保的是意外中，己方駕駛與乘客的傷亡，根據傷殘的嚴重程度，有不同的理賠係數。

個人財產險(Personal Effects Cover，簡稱PEC)

這項保險保的是意外中，駕駛人與乘客的行李財物的損失。

◎還車

大多數旅人還車的地點是在機場，駛近航站大樓前，就會看到某一車道上的路標指示還車地點，順著該車道進入停車場後，會有不同租車公司的指標指引，在還車停車格停妥，就會有租車公司人員過來檢查車輛。

記得在還車前先去加油站把油加滿，因為沒有滿油會被收取不足的油錢，而租車公司的油價絕對比石油公司高很多。檢查完畢，租車人員就會開收據和信用卡簽單，簽名之後，還車手續就完成了。

◎加油

加油站的德文為「tankstelle」，大多採自助式，在油槍前停車熄火後，直接拿起油槍就可加油。不同公司的汽油名稱略有差異，可依據價錢高低來判斷92、95、98的等級，而柴油則一律稱為「Diesel」。

油槍跳停後，到加油站附設商店的收銀台，告知店員油槍號碼並確認金額，就可用現金或信用卡付費。

◎道路救援

道路上如果發生拋錨、爆胎、電瓶或汽油耗盡等狀況時，車鑰匙上通常會有道路救援的免付費電話號碼，而道路救援的費用會在還車時顯示在信用卡簽單上，請注意，如拋錨停在路肩，別忘了在車後100公尺放置三角警示牌。若是具有責任歸屬的交通事故，除了通知租車公司外，也必須報警處理，並在警察前來勘驗前，保持事故現場。

Stop Sign停車再開

在許多路口會豎立一根紅底白字的八角形標誌，上面寫著「STOP」。在台灣遇到寫著「停」的標誌，大概沒有多少人會真的停下來，但在德國，「停」並不是減速而已，而是讓車輛完全靜止，因此看到這個標誌時，務請和遵守秩序的德國人一樣停車再開。

◎雪地行車

雪地行車的要訣只有一個字：慢。如果開車開到一半下起大雪，先把大燈切換成遠光燈，再打開霧燈或警示燈，在雪地上緊急煞車是大忌，這也是雪地行車速度要慢的原因，因為在抓地力不夠的情況下，緊急煞車容易失控或翻車。若遇到下坡路段，使用「點煞」的方式放慢速度，也就是連續輕踩煞車，切勿將煞車踩到底。

歐元大約要換多少才夠？

在德國，絕大多數情況下都能使用信用卡，所以其實也不需要換太多現金。雖然在海外刷卡會被多收一筆手續費，但去銀行換現金也一樣會有手續費，換算下來，兩者的差異並不大。

通常身上至少帶500元現鈔，以應付無法使用信用卡的情況，同時也避免萬一一卡片刷不過的窘境發生。如果實在沒有安全感，也可以向金融卡發卡銀行申請開通海外提領現金的服務，以備不時之需。

零錢也很重要！

身上最好隨身帶一些小鈔或硬幣，上廁所給小費的時候會需要用到。

旅行中，可能會遇到的事

如何快速通過海關

隨指標抵達入境審查處後，請在標示為「外國人、非歐盟國家人士」(Non-EU)的窗口前依序排隊，並準備：1.護照2.來回機票或電子機票，交給窗口的入境審查官。目前入境歐盟申根國無須填寫入境卡，若有其他可證明無非法居留意圖的文件，如旅遊行程表、英文財力證明、英文在職證明、訂房紀錄、申根海外旅遊醫療保單等，請隨身攜帶以備查驗。

審查過程中，移民官員通常會詢問一些問題，例如：旅行目的、天數、住宿地點、職業等，確認你沒有非法居留的意圖。移民官對外國人的問話一律以英文進行，回答時前後要一致，言簡意賅，切莫節外生枝，甚至只要回答單字就可以了。

德國的自來水可直接喝嗎？

德國的自來水可以生飲，自備水壺裝水，能省下不少買水錢。但腸胃體質敏感的人，可能還是到店裡買礦泉水喝會比較安心。

商店的一般營業時間

平日大約10:00~18:00左右，許多店家週六會提前打烊，或者乾脆不營業，週日則通常不會開門。

要怎麼給小費？

在德國沒有要給小費的硬性規定，除非覺得服務實在太好才會給小費，而且是直接把現金拿給侍者，而不是放在桌上。住在高級飯店，可支付約€1小費給行李小弟或房間清理人員；住在一般旅館則不必付小費。搭乘計程車時，若是請司機幫忙搬運行李，則建議給€1。

找廁所要付錢

德國的男廁是「Herren」，女廁是「Damen」，在德國上公共廁所通常都要付錢，金額從￠30～￠50不等，有的廁所門口有專門收錢的人，有的則是投幣式。

購物可以退稅嗎？

可以。凡在有「Tax Free」標示的商店購物(可詢問店家)，須在同一天、同一間店消費額滿€50.01以上即可申請退稅，請記得要向售貨員索取並填寫退稅申請單(Tax Free Form)。

VAT是什麼？

在歐洲購物，商品價格已包含增值稅(VAT)在內，而德國目前一般貨物的增值稅為19%(食物、書籍、藥品等的增值稅為7%)。

觀光優惠票券好用嗎？

德國各個地區都有屬於自己的觀光優惠票券，重點城市的城市卡提供許多景點和博物館的門票或優惠，而邦票則提供邦境內的多項大眾交通工具通行，購買與否取決於每個人的行程及需求。

Did YOU KnoW

看到姓氏就知道做什麼?!

說到德國人的姓氏，常能溯源到祖先職業、家族所居住的地方等，如木匠(Zimmermann)、鞋匠(Schumacher)、麵包師(Becker)、磨坊主(Müller)、屠夫(Metzger)、廚師(Koch)、法官(Richter)、音樂家(Musik)、鐵匠(Schmidt)、裁縫師(Schneider)、漁夫(Fischer)、農場主人(Meyer)、紡織工(Weber)……十分有趣。

用餐時，不妨了解的習俗

德國啤酒乾杯啦！

來到德國，最著名的飲料當然是啤酒，德國為世界第二大啤酒生產國，約有一千三百多家啤酒廠，生產的啤酒種類高達五千多種，大致可以分為白啤酒、清啤酒、黑啤酒、科什啤酒(Kölsch)、出口啤酒、無酒精啤酒等幾大類。

◎怎樣喝酒才有禮貌？

德國人雖然愛喝啤酒與紅白酒，但請記住，飲料或啤酒一上桌，別自己拿了張口就喝，也不是只和自己眼前的人敬酒，而是要和同桌在場的每一個人都碰酒杯敬酒，四目相對後，大家一起舉杯喝酒，這才是有禮貌的行為。

不想續杯有方法

在科隆與杜賽道夫等地的啤酒館，因啤酒杯較小，許多人不只喝一杯而已，服務員看你啤酒快喝完了，就會自動幫你補上一杯，也會把數量直接記在啤酒紙墊上，最後看上頭的數目來算錢。若不想再喝了，就把啤酒墊蓋在啤酒杯上即可。

德國人一天怎麼吃

一天三餐，德國人通常只吃一頓熱食，其餘兩餐幾乎是麵包搭配冷食為主。

三餐中，早餐最豐盛，也是德國人看重的一餐，需要營養均衡的多元飲食，除了牛奶、咖啡、茶、優酪乳之外，德國麵包一定會配上各類的香腸火腿切片、起士、義式沙拉米、軟起士塗醬、奶油、果醬、燻鮭魚等，讓早餐吃得飽足以迎接忙碌的一天。

傳統上，德國人是中午吃熱食、晚餐吃麵包冷食，但因現在大家都是在外上班、上學，午餐常會帶個簡易的麵包餐盒解決一餐，晚餐才會吃上熱騰騰的豐富餐點。

德國麵包越嚼越香

著名的德國麵包，製作的歷史已有八百多年了，衍生的變化讓德國麵包多達三四百種之多。

與台灣常見的鬆軟香甜的麵包質地截然不同，德國麵包以麵粉、大麥、小麥、裸麥、黑麥等穀物天然的食材，以無油、無糖、無蛋、無奶、高纖為主，並以天然酵母來發酵，無太多人工添加物，使麵包帶有穀物的天然麥香味，越嚼越香。

也因麵包質地偏乾硬，加上甜或鹹的抹醬(奶油、果醬等)，再夾上香腸火腿切片與起士，是吃德國麵包最普遍的吃法。

平價美食正夯！來自土耳其的Döner

最常見、最平價的德國平民小吃，土耳其旋轉烤肉(Döner 或稱kebap)絕對榜上有名。以麵包夾上烤肉，佐以沙拉、蔬菜、起士和醬汁的土耳其旋轉烤

肉，據稱是居住柏林的土耳其人於1971年傳入，並改良成德國人的口味，因為德國境內勞工需求引進大量土耳其外勞，因而讓旋轉烤肉有了市場，1980年代後，供應旋轉烤肉的小吃店就在各地如雨後春筍般出現了，成為德國極為風行的速食餐點。

原來德國人超愛吃水煮蛋

德國人很愛吃蛋，尤其是水煮蛋，為了方便吃水煮蛋，他們甚至還發明了許多小工具，有專用的蛋杯、小勺和鹽罐。為了剝開蛋殼，還有特別的開蛋器，只要套在蛋殼上，讓金屬球從桿上滑落，輕輕一碰後再輕輕一扳，蛋殼的頂部就可完整切開了，真是好玩又有趣的吃法。

Did YOU KnoW

德國人愛吃鵝是為了報復 ?!

在聖馬丁節前後的整個11月份，德國許多餐館都備有「馬丁鵝」這道餐點。傳說中，聖人馬丁在躲避古羅馬士兵的追捕中，原本好好地躲在農舍，卻因鵝的啼叫聲而被捕，所以人們吃鵝以報復鵝的出賣。

其實在秋冬之際，準備過冬的鴨鵝類，就是脂肪豐餘的最佳食用季節，愛吃的德國人找到了吃鵝的最佳理由。歲末年冬，吃鵝之外就是吃鴨，德文的「鴨」為Ente，發音近似於德文「最終」的「Ende」，為了要「最終好，所有都好」(Ende gut，alles gut)，取其音近的俗諺變成「鴨子好，所有都好」(Ente gut，alles gut)，於是12月吃鴨也成了德國人的習慣。

其他旅遊相關資訊

氣候

　　德國大部份地區屬於涼爽潮溼的溫帶海洋性氣候，東部則是大陸性氣候，四季溫差較大。春天約4、5月來臨，10月後便開始下雪，不過，近年來氣候變化劇烈，前一年的天氣往往已不能作為後一年的參考，建議出發之前最好先查詢即時的氣候預報。

時差

　　夏令時間，台灣時間減6小時為當地時間；其餘月份，台灣時間減7小時為當地時間。

夏令時間

夏令時間又稱「日光節約時間」，因為在高緯度的國家，冬季與夏季的日照長短落差大，為使人們配合日光作息，因而有此規定。每個國家的夏令時間不盡相同，絕大部分國家的夏令時間，是從每年3月的最後一個週日開始，將時鐘調快1個小時，至10月最後一個週日結束，再將時鐘調慢1個小時。

貨幣與匯率

　　德國使用歐元(Euro)，以符號「€」代表，1歐元等於100歐分(¢)，紙幣面額有€5、€10、€20、€50、€100、€200、€500，硬幣面額有¢1、¢2、¢5、¢10、¢20、¢50、€1、€2。1歐元約等於新台幣35元(僅供參考，實際匯率時有變動)。

電壓

　　220V，台灣電器需使用圓形的兩孔轉接插頭。

打電話

台灣直撥德國：002-49-區域號碼(去掉0)-電話號碼
例如002 + 49 + 30 +電話號碼。
德國直撥台灣：00-886-區域號碼(去掉0)-電話號碼
例如00 + 886 +2 +電話號碼(若是手機號碼需去掉第一個0)。

網路

◎免費Wi-Fi

　　在德國，網路的使用相當普遍，各飯店、餐廳幾乎都有提供免費的無限上網，只要在消費時，向店家詢問上網密碼即可。

◎當地sim卡

　　若需要隨時能夠上網或在德國撥打當地電話，可在德國通訊行如T-Mobile、Vodafone、O2等，購買手機預付sim卡，依通話費率、有無網路等差別，每張sim卡略有價差。要注意的是，德國針對外國人購買手機預付卡控管嚴格，購買手續繁瑣，因此，建議出國前先在台灣租用Wi-Fi分享器較方便省事。

◎Wi-Fi分享器

　　Wi-Fi網路分享器的特點為訊號能供多人同時使用，若是同遊的旅伴多，是最划算的選項。不過同時連線的人愈多，網速也會愈慢就是了。國內有多家業者提供分享器的租賃服務，大多能在機場櫃檯領取和歸還。

 記得要預約！

由於機場存貨有限，因此多半會要求提前預約。分享器每日有流量限制，當日流量用完仍能上網，不過會降速。通常只要不下載影片或大量更新，流量都很足夠。

復活節的活動

復活節是耶穌死後三天復活的重要節日，復活節前的週五是耶穌受難日，這一天起全德開始放連假。週六商店只工作半天，週日有最受小孩們歡迎的找彩蛋活動，復活節週一有些小村落還會有小孩搖鈴，爭相走告耶穌復活的好消息。當然，教會的彌撒每天都有，信徒們備妥復活節彩禮前往教堂，也是為全家消災祈福的重要節日。除了畫彩蛋、找彩蛋、還會在樹上掛滿彩蛋，非常繽紛，復活節也是家族聚會的重要節日。復活節期間也有復活節篝火活動，篝火越燒越旺，燒掉枯枝與煩躁，除舊佈新以迎接新生命的開始。

充滿歡樂的聖馬丁節

每年11月11日天主教的聖馬丁節也是很受歡迎的傳統節日，相傳馬丁是4世紀初的羅馬軍官，因他在風雪天割下自己的一半衣物給一位乞丐，後來發現乞丐原是耶穌化身，當馬丁於11月11日病逝後，被天主教追為聖人，這天也成了聖馬丁節。德國兒童們會在聖馬丁節提燈籠唱聖歌，參加聖馬丁遊行，還可提著燈籠到處唱歌討糖果，是頗受德國孩子們歡迎的傳統節日。

緊急聯絡電話

◎當地報案電話
警察局：110或112
◎駐德國台北代表處
⌂Markgrafenstrasse 35, 10117 Berlin Germany
☎49 (0) 30203610
◎急難救助電話
駐德國台北代表處：(49) 1713898257

德國國定假日

日期	節慶	備註
1月1日	元旦(Neujahr)	國定假日
復活節前的週五	受難節(Karfreitag)	國定假日
每年春分月圓後的星期日	復活節(Ostern)	國定假日
復活節後的週一	復活節後週一(Ostermontag)	國定假日
5月1日	國際勞動節(Tag der Arbeit)	國定假日
從復活節算起第40天	耶穌升天節(Christi Himmelfahrt)	國定假日
耶穌升天節後第10天	聖靈降臨節(Pfingstmontag)	國定假日
10月3日	國慶日(Tag der Deutschen Einheit)	國定假日
12月24日	平安夜(Heiligabend)	中午起百貨、超市、餐廳、公司行號等陸續關門放假。
12月25至26日	聖誕節	國定假日

玩德東、德西要吃什麼？

直到1870年，德國才以統一姿態成為一個國家名詞，各地之間錯綜複雜的糾葛歷史也反映在食物方面，許多料理乍看之下都有血緣關係，仔細分辨卻又多少還是不同。德國人對肉類情有獨鍾，尤其是豬肉，豬腳、香腸幾乎成了全德共同的代表菜色；德國料理另一項特色，就是份量豪爽，再配上最具當地風味的啤酒，大口喝酒大口吃肉，也能獲得意猶未盡的用餐體驗。

德國西部

菜捲 Kohlroulade

以長時間燉煮的高麗菜包上肉類做成，其實和關東煮裡的高麗菜捲非常類似，只是塊頭大上許多，且常會搭配馬鈴薯泥食用。這道菜不只在德國，歐洲的其他地方也很常見。

蘋果酒 Apfelwein

法蘭克福的蘋果酒非常有名，不過一般餐廳並沒有供應，必須到當地傳統料理的餐廳才有機會喝到，而這類餐廳在老薩克森豪森區很多。

法蘭克福香腸 Frankfurter Würstchen

法蘭克福香腸長得細細長長，大多數是以豬肉灌成，再以水煮的方式烹調。這種香腸大家一定再熟悉不過，因為當它於19世紀傳入美國後，得到一個更響亮的名號——熱狗。

鹽醃冰腿 Eisbein

和巴伐利亞烤豬腳不同，東德豬腳用的是肥嫩的豬小腿肉，用鹽巴醃漬後水煮，滋味鮮美、肉質軟嫩，好一點的餐廳甚至能做到入口即化。

德國東部

咖哩香腸 Currywurst

把香腸淋上蕃茄醬汁，再灑上一層咖哩粉，味道不但意外相合，而且具有爆炸性的激盪。其醬汁內容頗有學問，雖然是以蕃茄泥為基底，但每家攤販都有其獨門祕方，像是加入蘋果醬、芒果汁、可樂等，因此各家味道皆不相同。

獵人豬排 Jägerschnitzel

將炸豬排淋上紅醬或白醬，再搭配麵條享用。

玩德國就是要喝啤酒！

1516年，巴伐利亞的威廉四世公爵頒布了德國史上最重要的法令——純酒令，規定只能用麥芽、啤酒花及純水來釀造啤酒，後來發現酵母的存在後，又將酵母列為第四項元素。直到現在，德國啤酒仍遵循這項古老的法令，以此保證啤酒的釀造品質，造就出德國啤酒數百年來不壞的堅實口碑。

古斯啤酒 Gose

上層發酵的古斯啤酒只有在萊比錫的傳統酒館才喝得到，由於豁免於純酒令的限制，在釀酒過程中加入胡荽、鹽巴等其他原料，因此喝起來有點鹹味。許多人在點古斯啤酒時會要求混合一點威士忌，或者加入草莓、檸檬、薄荷等口味的香精，味道非常奇妙。

深色啤酒 Dunkel

Dunkel寫成英文就是Dark Beer，這種源於慕尼黑的啤酒如今已流行於全巴伐利亞，傳統印象中德國人豪飲時拿的有把大啤酒杯，裝的就是這種啤酒。深色啤酒屬於下層發酵，色澤亮棕至暗棕，聞起來有烤土司和小麥麵包的香味，喝起來甘苦適中，有點巧克力或焦糖的味道，濃度在4.5~6%左右。

黑啤酒 Schwarzbier

源於德國中南部的Schwarzbier，寫成英文就是Black Beer，為下層發酵的拉格啤酒。顏色呈暗棕色至黑色，有淡淡的啤酒花香，味道則有烘烤麥芽的甜味，濃度為3.4~5%。

小麥啤酒 Weizen

不喜歡啤酒苦味的人，多半都很喜歡小麥啤酒，這種上層發酵的啤酒，顏色呈現極淡的麥色或淡琥珀色，泡沫漂亮而持久，氣味有類似丁香、肉桂，或薰香、香草的香味，苦味極淡，口感香甜，濃度約為4.9~5.5%。

柏林白啤酒 Berliner Weisse

白啤酒為上層發酵，色澤呈淡麥桿色，聞起來有濃郁的水果香，喝起來完全沒有苦味，卻有濃烈的果香酸味，濃度約為2.8~3.4%。

煙燻啤酒 Rauchbier

班堡特有的煙燻啤酒是一種特別的混合發酵啤酒，顏色呈亮茶色至黑色，喝起來有烘烤麥芽的甜味與煙燻的香味，濃度在4.6~5%之間。

老啤酒 Altbier

這種特產於杜塞道夫的上層發酵啤酒，之所以名之為「老」，其實是因為其完全發酵的釀造方式。啤酒色澤呈銅色至茶色，氣味有清淡的水果香，啤酒花和麥芽味皆屬中等，濃度在4.3~5%左右。

啤酒花不是花

在啤酒釀造過程中，極為重要的「啤酒花」原料，德文為「Hopfen」，中文翻譯為「啤酒花」，聽起來像是某種花卉，但其實不是喔，啤酒花是雌株才會結啤酒花毬果，毬果像松果形狀，像花也像果，顏色為翠綠，是台灣難得見到的植物。

啤酒花可增加啤酒中的苦味，有如調味品的功能，得以調和麥芽的甜味，增加啤酒的風味。也是天然的防腐劑，可讓啤酒保存期限長久些，這在尚無冰箱的古老年代，是保存食品最重要的需求。

科隆啤酒 Kölsch

這種上層發酵的啤酒，顏色金黃，啤酒花的味道極淡，苦味中等，略帶些微甜味，喝來十分爽口，有「女性啤酒」之稱，濃度為4.8~5.2%。

皮爾森 Pilsener

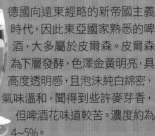

源於波希米亞的皮爾森，流行於德國東部與北部一帶，由於皮爾森最流行的時候正好是德國向遠東經略的新帝國主義時代，因此東亞國家熟悉的啤酒，大多屬於皮爾森。皮爾森為下層發酵，色澤金黃明亮，具高度透明感，且泡沫純白綿密，氣味溫和，聞到些許麥芽香，但啤酒花味道較苦。濃度約為4~5%。

未 成 年 請 勿 喝 酒

到德國要買什麼？

德國人一絲不苟的務實個性，專注於工藝的精湛完美，使得這個國家上自汽車工業，下到庖廚用品，擁有不少天字第一號的精品名牌，不但性能沒有話說，更是社會品味的象徵。至於德國的傳統工藝，如咕咕鐘、胡桃鉗木偶等，如今已逐漸脫離實用的範疇，不過作為充滿民族韻味的精緻裝飾品，仍是紀念品店中的寵兒。

Rimowa行李箱

Rimowa早已成為頂級旅行箱的代名詞。只是價格不太平易近人，若是在德國購買，加上退稅，可省下不少錢。

WMF 廚具精品

WMF最有名的是不鏽鋼鍋具，既耐用又不易沾黏，且傳熱快而均勻。加上完善的全球售後服務，得到顧客高度肯定。

雙人牌刀具與廚具
Zwilling J.A Henckels

雙人牌的刀具不但堅固耐用，而且還很符合人體工學。由於價格高昂，被視為刀具界中的奢華精品。

勃肯鞋 Birkenstock

勃肯鞋因為材質舒適合腳，造型輕便好穿，因而得到人們青睞。由於是德國品牌，勃肯鞋在德國的價格全球最低。

ic！berlin眼鏡

薄僅0.5mm鋼材打造的鏡架，使得眼鏡重量只有一般太陽眼鏡的1/5，加上獨特無螺絲、彈簧、鉸鏈等的嵌入式設計，一體成型種種特性令人讚嘆，難怪深受國際巨星名流們喜愛。

飛狼運動服飾 Jack Wolfskin

飛狼是德國最大的戶外用品廠牌，其休閒衣物與旅行用品相當流行。

BREE皮件

©BREE

BREE是1970年在漢諾威創立的皮件品牌，時尚與實用性兼具，很快成為德國的皮件代表品牌。

胡桃鉗木偶 Holzknackl

早在幾百年前，德國人就開始把胡桃鉗做成國王、士兵等人偶造型，是很有特色的當地紀念品。

傳統啤酒杯

從前德國的啤酒杯是由粗陶燒成，杯口有用白鑞製成的蓋子。現在的德國人已很少再用這種杯子喝酒，但仍可當作裝飾品。

史泰福泰迪熊 Steiff

在德國各大紀念品店或百貨公司，都能看到史泰福泰迪熊商品，有許多是其他地方找不到的限量版。

柏林熊 Berlin Bear

色彩鮮豔、造型多變的柏林熊，是柏林街景的重要成份，每尊柏林熊都充滿創意精神與藝術性。

號誌人產品 Ampelmann

這位前東德行人號誌燈中戴著寬邊禮帽的小人，不但沒有隨著德國統一而消失，反而作為一種流行元素保留下來，甚至還衍生出遍布德東的商品文化。

巴哈巧克力 Leipziger Bachtaler

萊比錫的Kandler糕餅餐廳於上個世紀末推出了巴哈巧克力，並不負眾望成為萊比錫特產之一。巴哈巧克力是以巧克力皮包裹牛軋糖、甘納許奶油，並混合奶油淇淋與萊比錫人最自豪的咖啡在內，份量厚實，但熱量也不容小覷。

維生素發泡錠 Brausetabletten

德國發泡錠種類繁多，諸如維他命C、綜合維他命、鈣、鎂、鋅等，而且價格比在臺灣購買便宜許多。

白葡萄酒 White Wine

德國是重要的葡萄酒產地，尤其是白酒，在全世界享有極高的評價。環遊萊茵河沿岸、摩塞爾河(Mosel)流域、巴登巴登、符茲堡等地，別忘了品嘗一下當地的美酒，喜歡再買回和朋友共享。

海德堡之吻 Heidelberger Studentenkuß

這是一種外面包著夾心酥的巧克力，是20世紀初海德堡女學生傳遞情意的禮物，深具特色。

古龍水 Eau de Cologne

古龍水的名字即是來自科隆這座城市，雖然一般認為古龍水好像就是男性香水，其實不然，古龍水指的是淡香水，女性一樣可以使用，就看你喜不喜歡這有點偏中性的香味了。

亞琛香料餅 Printen

在亞琛，幾乎到處都看得到在賣香料餅的店家，吃起來其實就是薑餅，很甜、大量加入巧克力，有薑、肉桂等多種香料的香氣。眾多品牌之中，又以創立於1858年的Nobis最具知名度，在大教堂附近就可以找到分店。

花草茶或水果茶

德國百年歷史的茶，除了紅茶、綠茶外，更有眾多花草茶及水果茶。

出發！
航向柏林的偉大航道

柏林機場©Marion Schmieding / Alexander Obst

從空中進入柏林

　　柏林過去擁有兩座國際機場，分別是西柏林的泰戈爾國際機場(Tegel，TXL)與東柏林的舍奈費爾德國際機場(Schönefeld，SXF)，因為柏林長期分裂，使得這兩座國際機場規模有限，無法體現德國首都門面，因此，柏林當局積極擴建舍奈費爾德國際機場，要讓新機場成為柏林唯一的對外門戶。

　　新的機場名為「柏林布蘭登堡威利布蘭特機場」(Flughafen Berlin Brandenburg Willy Brandt，BER)，位於市區南方18公里處，截至目前為止，尚無從台灣直航柏林的班機，國人轉機前往柏林，必須在法蘭克福、慕尼黑或其他國際城市轉機。

🌐 ber.berlin-airport.de

機場至市區交通

◎火車

　　火車站位於1航廈的U2樓層，可在5/6月台搭乘S-Bahn的S9或S45前往市中心，車程約50分鐘；也可搭乘FEX(機場快線)、RB等區域性火車前往柏林中央

Did YOU KnoW

讓柏林人等了快10年的新機場

「柏林布蘭登堡威利布蘭特機場」取名自曾在1971年獲得諾貝爾和平獎的前西德總理威利布蘭特，原本揭幕典禮訂在2011年10月30日，可是沒想到因為航廈結構設計錯誤，消防安檢也無法通過，加上其他種種管理問題，導致啟用日期一延再延，這對以嚴謹著稱的德國人來說簡直是奇恥大辱，當時的柏林市長甚至還為此下台。

過了將近十年等待，柏林布蘭登堡機場終於在2020年10月31日啟用，當天降落了德航及易捷兩架班機，宣告遲來的柏林機場正式統一。

車站，車程35分鐘。可使用德鐵通行證，但會用掉1天日期。

◎高速巴士

在1航廈入境層(E0)外有公車站牌A1-8，可搭乘X7、X71線高速巴士前往U-Bahn U7線的Rudow站，X7每5~10分鐘一班，X71每20分鐘一班，車程約16分鐘。另有高速巴士BER2開往波茨坦中央車站。

◎計程車

在1航廈入境層(E0)外可找到排班的計程車，前往市區車資約€50左右。

◎租車

在1航廈入境層內，有Hertz、Avis / Budget、Sixt、Europcar、Enterprise等5家租車公司櫃檯。

從地面進入柏林
鐵路

柏林向來是德東地區的鐵路樞紐，2006年5月，新的中央車站啟用後，更成為歐洲重要的轉運車站。中央車站月台分為上下兩層，若你在班次表上看到Berlin Hbf tief，指的即是下層的地下月台(1~8號)。

⚲Hauptbahnhof, Europaplatz 1

🌐www.bahnhof.de/Berlin_Hauptbahnhof.html

巴士

從德國及歐洲三百多個城市可搭巴士前往柏林。柏林中央巴士站Zentraler Omnibusbahnhof (ZOB)位於夏洛騰堡區，在U-Bahn的Kaiserdamm站與S-Bahn的Messe Nord/ICC站附近。

⚲Messedamm 8

🌐zob.berlin/de

🔊 **也可使用布蘭登堡-柏林邦票進出柏林**

柏林雖是獨立城市邦，但和布蘭登堡邦合用邦票。購買布蘭登堡-柏林邦票(Brandenburg-Berlin-Ticket)可乘坐邦境內區域性火車(也就是ICE和IC以外)的二等車廂，和邦內各城市的所有大眾運輸系統，使用效期為平日9:00~隔日3:00、週末24:00~3:00，另有夜間邦票，效期為18:00~隔日6:00，購票時可指定使用日期，因此可提早購買。邦票最好在自動售票機購買，因為若是在櫃檯購買，需多收€2手續費。因為邦票不能轉讓，買到票後必須在上面簽名，以備查驗。

💰日夜邦票€33，最多可5人共用；夜間邦票€25；不論日間或夜間，想想升等坐一等車廂，則需多加€23。

柏林行前教育懶人包

關於柏林的住宿

　　柏林的大眾運輸系統十分發達，因此，住在哪一區都很方便，而柏林的主要景點大部分集中在Mitte區和Friedrichshain-Kreuzberg區，選擇這兩區的住宿非常便利觀光，甚至可步行遊覽市中心的景點，但價格相對也會較高。至於其他地區，Charlottenburg-Wilmersdof區也是不錯的選擇，選帝侯大道就位於這一區，機能十分完善，雖然通車時間會稍微拉長，但價格會稍低於Mitte區和Friedrichshain-Kreuzberg區。

比較要小心的區域

Pankow區、Lichtenberg區、Neukoeln區、Marzahn-Hellersdorf區治安相對來說沒有Mitte區和Friedrichshain-Kreuzberg區讓人放心，選擇省錢住這一帶的話，晚上別在街上逗留，一定要注意安全，特別要小心吉普賽人！

觀光優惠票券好用嗎？

柏林歡迎卡Berlin WelcomeCard

　　持有柏林歡迎卡可在期限內不限次數免費搭乘市區大眾交通工具，並在多處觀光景點、博物館、城市導覽、劇院，及諸多餐廳、咖啡館、商店中享有最多5折的優惠，每位持卡成人，最多可帶3名6~14歲兒童免費同行。

　　柏林歡迎卡可在遊客中心、各大眾運輸車站售票處及多家旅館購買，購買時並附贈一本地圖及導覽手冊。若在官網上購買，需自行列印下來方可使用，再憑卡至各服務中心領取導覽手冊。也可在車站售票機購買柏林歡迎卡，使用前需先至戳印機打上時間，才算生效，效期自打票起開始計算。

🌐www.visitberlin.de/en/berlin-welcome-card

◎柏林歡迎卡價格

票種	AB區	ABC區
48小時	€26	€31
72小時	€36	€41
72小時+博物館島	€54	€57
4日	€45	€51
5日	€49	€53
6日	€54	€57

柏林歡迎卡全享卡
Berlin WelcomeCard all inclusive

　　全享卡與柏林歡迎卡的差異之處，在於其中三十多處最熱門的景點門票完全包含在內，外加Hop-On Hop-Off觀光巴士的1日車票。若是本身已有交通票卡的話，也能選購不含交通的卡種。

🌐www.visitberlin.de/en/berlin-welcome-card-all-inclusive

◎柏林歡迎卡全享卡價格

票種	包含交通	不包含交通	3~14歲兒童
48小時	€99	€89	€59
72小時	€125	€105	€65
4日	€145	€115	€75
5日	€165	€129	€79
6日	€185	€149	€85

柏林城市旅遊卡Berlin CityTourCard

　　柏林城市旅遊卡與柏林歡迎卡類似，可在效期內免費搭乘市區大眾交通工具，參觀景點時享有最多6折優惠。城市旅遊卡可在各S-Bahn與U-Bahn車站的售票機購買，雖然比柏林歡迎卡便宜一些，但能使用的範圍較小。亦有販售不含交通的1日卡，每張€3.9，參觀景點時最多享7折優惠。

🌐www.citytourcard.com

◎柏林城市旅遊卡價格

票種	AB區	ABC區
2日	€22.1	€25.2
3日	€33.1	€37.8
4日	€43.6	€50.4
5日	€44.6	€51.5
6日	€45.6	€52.5

柏林博物館通行證Museum Pass Berlin

　　柏林博物館通行證可在遊客中心及各博物館售票處購買，效期為3天，可免費參觀柏林地區30家博物館(不包含特展)。通行證不得轉讓，使用前需在通行證上簽名並寫上日期，才算生效。

💲成人€32、優待票€16

🌐www.smb.museum

到底要不要買觀光票券？

「歡迎卡」和「城市旅遊卡」視行程和個人在交通上的偏好決定，基本上，如想深度參訪柏林是必備的。至於要不要購買「柏林博物館通行證」就看看行程，把會參觀的博物館票價找出來，和通行證的價錢比一比就知道了，而如果只計畫參觀博物館島，可購買博物館島一日票€24。

柏林的遊客中心在哪裡？

◎ 中央車站遊客中心
⌂ Europa Platz 1 (中央車站地面層)
🕐 每日8:00~21:00
◎ 布蘭登堡門遊客中心
⌂ Pariser Platz
🕐 每日10:00~18:00
◎ 洪堡論壇遊客中心
⌂ Schloßplatz
🕐 每日10:00~18:00
◎ 柏林布蘭登堡機場遊客中心
⌂ 機場Terminal 1, Level E0
🕐 每日9:00~21:00

其他旅遊相關資訊

氣候

受到溫帶海洋性氣候與大陸性氣候交互影響，呈現溫帶大陸性溼潤氣候的特徵，冬天溫和、夏天涼爽，1月均溫約0.5℃，7月均溫約19℃，年雨量在570mm以上。

若不幸發生緊急事故

◎ 緊急連絡電話
警察局：110或112

Did YOU KnoW
醃黃瓜誕生於柏林

酸酸甜甜的醃黃瓜，算是德國普遍的國民食物，據說德國醃製物的作法，高達上千種之多。柏林近郊施普雷瓦爾德(Spreewald)地區的醃黃瓜，名氣更是響叮噹，據說早從7、8世紀起，居住在此地的斯拉夫民族就開始醃製黃瓜了，17世紀荷蘭移民更加發揚光大，讓醃黃瓜名氣更響亮。於東德政權時代，施普雷瓦爾德的醃黃瓜成為最正宗道地的地方名產，流傳至今。該地區每逢夏日，還有醃黃瓜節(Spreewälder Gurkentag)，讓人民購買各式各樣的醃黃瓜，以醃黃瓜來吸引各地的觀光客。

◎ 駐德國台北代表處
⌂ Markgrafenstrasse 35,10117 Berlin Germany
📞 49 (0) 30203610
◎ 急難救助電話
駐德國台北代表處：(49) 1713898257

柏林地區節慶日曆

日期	節慶	備註
1月1日	元旦(Neujahr)	國定假日
2月	柏林國際影展(Internationale Filmfestspiele Berlin)	每年二月舉行，與威尼斯影展、坎城影展並列為歐洲三大影展
復活節前的週五	受難節(Karfreitag)	國定假日
復活節後的週一	復活節後週一(Ostermontag)	國定假日
5月1日	國際勞動節(Tag der Arbeit)	國定假日
從復活節算起第40天	耶穌升天節(Christi Himmelfahrt)	國定假日
耶穌升天節後第10天	聖靈降臨節(Pfingstmontag)	國定假日
8月26日	柏林博物館長夜(Lange Nacht der Museen)	憑長夜票可免費搭接駁車及到長夜活動的博物館參觀
10月3日	國慶日(Tag der Deutschen Einheit)	國定假日
10月中	燈光節(Festival of Lights)	燈光節持續10天，在這期間每晚柏林的許多地標都會有華麗的燈光秀。
12月24日	平安夜(Heiligabend)	中午起百貨、超市、餐廳、公司行號等陸續關門放假。
12月25至26日	聖誕節	國定假日

柏林市區交通

大眾運輸工具

　　柏林的大眾運輸系統包括由BVG營運的市區地鐵(U-Bahn)、路面輕軌(Tram)、公車，與由德鐵經營的通勤火車(S-Bahn)等，這些交通工具的車票皆可通用，轉乘非常方便。票價區段A、B、C三區，車票可在車站的自動售票機購買，在使用前記得先去戳印機打上日期，不然被查票員查到會被罰款。

　　持有柏林歡迎卡(Berlin WelcomeCard)則可在效期內任意搭乘市內大眾運輸工具，而持有德鐵通行證(Rail Pass)也可搭乘同屬德鐵系統的S-Bahn。

 www.vbbonline.de

我需要ABC區都買？

S-Bahn環狀線之內的範圍皆屬A區，環狀線外的市區外圍則屬B區，而C區則涵蓋波茨坦地區與柏林布蘭登堡機場，因此若不去波茨坦，買AB區的車票便已夠用。

短程票 Kurzstrecke

　　短程票可用於搭乘3站S-Bahn與U-Bahn(可轉乘)，或6站Tram或公車(不可轉乘)。

💶成人€2.4、6~14歲€1.9。

單程票 Einzelfahrschein

　　單程票適用於一趟完整的旅程，也就是到達目的地之前，中途可轉乘，唯不得折返或重覆搭乘。車票效期為打印起2小時。

◎單程票票價

票種	成人	6~14歲
AB區	€3.5	€2.2
BC區	€4	€2.7
ABC區	€4.4	€3.2

延伸票 Anschlussfahrausweis

　　若你手上持有有效的AB區車票，卻發現目的地在C區，或有BC區車票，而目的地在A區，這時只要加購延伸票就可以了。延伸票的效期為自打票起2小時，可轉乘不同交通工具，但不得用於回程或重覆路線。要注意的是，一旦主票券超過效期，儘管延伸票打票未滿2小時，一樣會跟著失去效力。

💶成人€2.1、6~14歲€1.6。

24小時票 24-Stunden-Karte

持票者可在自打印起24小時內不限次數搭乘市內大眾運輸工具,而每位持票成人最多可帶3名6~14歲兒童免費搭乘。

◎24小時票票價

票種	成人	優待票
AB區	€9.9	€6.5
BC區	€10.4	€6.8
ABC區	€11.4	€7

一日內只要搭乘大眾交通工具3次,買24小時票就比買單程票划算!

團體24小時票
24-Stunden-Karte Kleingruppe

這種票最多可5人共用,效期一樣為自打印起24小時。

◎團體24小時票票價

票種	價格
AB區	€31
BC區	€32
ABC區	€33

哪些卡也可以用?

持有「柏林歡迎卡」、「柏林城市旅遊卡」,可期限內任意搭乘市內大眾運輸工具;持有「德鐵通行證」可搭乘同屬德鐵系統的S-Bahn;持有「布蘭登堡-柏林邦票」亦可在效期內不限次數搭各種交通工具。

計程車

柏林計程車起錶價為€4.3,每公里跳錶€2.1~2.8,等待時間每小時收取€33。若搭乘距離小於2公里,則一律€6。放在後車廂的行李,每件加收€1的附加費。
◎ Taxi Berlin ☎(0)30 202-020
◎ Quality Taxi ☎(0)30 263-000
◎ Funk Taxi Berlin ☎(0)30 261-026
◎ City-Funk Berlin ☎(0)30 210-202

環保計程車 Velotaxi

這是種人力三輪車,最多可搭載兩名乘客,大多繞行在觀光景點密集的區域,想搭這種車的話,最好先以電話預約,並先詢問清楚車費。
☎(0)30 2803-1609

觀光型交通工具
隨上隨下觀光巴士 Hop-On Hop-Off

這是一日之內可自由上下車遊覽的雙層露天觀光巴士,串起市區內重要的景點,適合走馬看花的初訪遊客。
◎Berlin City Tour

沿途行經亞歷山大廣場、國會大廈、菩提樹下大道、波茨坦廣場、查理檢哨等熱門站點,車上有中文語音導覽耳機,詳細路線及時刻表請上官網查詢。
☎(0)30 7017-1250 ◉每日9:30~14:30,約每25分鐘一班。 ◉24小時€35,48小時€40,6~15歲兒童半價,官網購票有優惠。 ◉www.berlin-city-tour.de
◎ City Circle Tour

City Circle Tour與Berlin City Tour的路線大同小異,每日皆有發車,並提供中文耳機解說,可在重要景點上下車,若不下車全程約2.5小時左右,詳細路線、時刻表請上官網查詢。
☎(0)30 880-4190 ◉10:00~15:30,約每20~25分鐘一班。 ◉成人24小時€35,48小時€40,72小時€45,官網購票有優惠 ◉city-circle.de/
觀光遊船

BWSG遊船共有兩條路線:A線是全程1小時的城市-施普雷河之旅,B線是全程2.5小時的東岸之旅。
◉從博物館島東側對岸的Alte Börse碼頭發船。
☎(0)30 651-3415
◉2024年3/29~11/3營運,A線每日11:15~17:45間發船;B線每日只有一班,14:45發船。
◉A線成人€22、B線成人€30 ◉www.bwsg-berlin.de

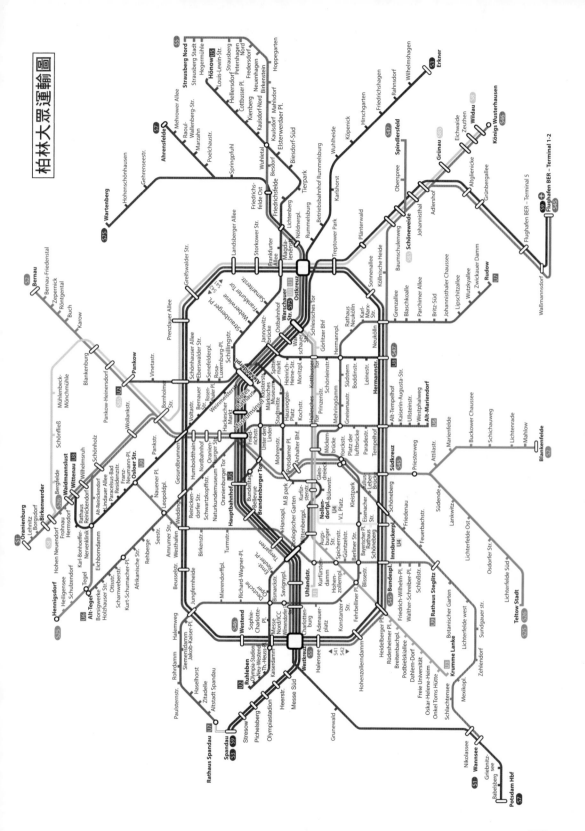

柏林大眾運輸圖

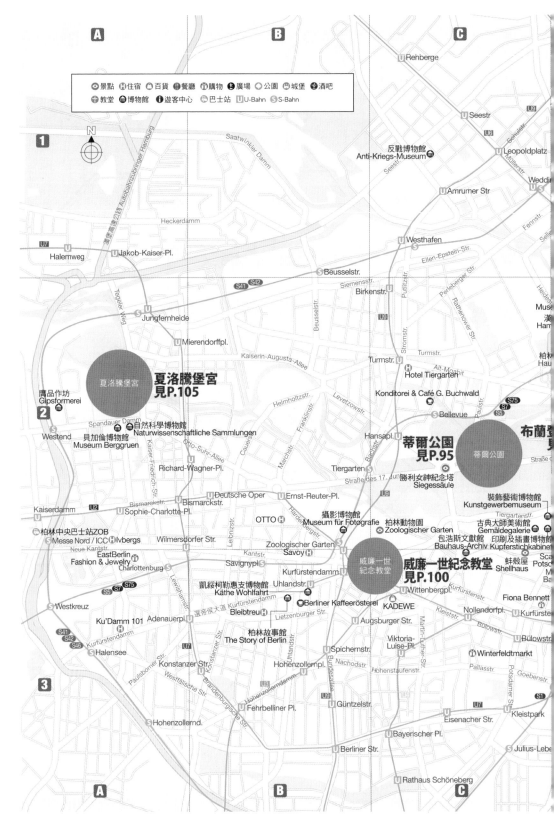

N

Ⓤ Rehberge

Ⓤ Seestr

Ⓤ Leopoldplatz

反戰博物館
Anti-Kriegs-Museum 🏛

Ⓤ Weddin

Ⓤ Amrumer Str

Saatwinkler Damm

Heckerdamm

Ⓤ Westhafen

Ⓢ Beusselstr.

Ⓢ Birkenstr.

Ⓤ Halernweg

Ⓤ Jakob-Kaiser-Pl.

Ⓢ41 Ⓢ42 Siemensstr.

Tegeler Weg

Ⓤ Jungfernheide

Ⓤ Mierendorffpl.

Kaiserin-Augusta-Allee

Turmstr. Ⓤ

Turmstr.

Alt-Moabit
Hotel Tiergarten 🏠

Muse
Ham

柏村
Hau

夏洛騰堡宮
見P.105

夏洛騰堡宮

🏛 自然科學博物館
Naturwissenschaftliche Sammlungen

膺品作坊
Gipsformerei 🏛

Spandauer Damm

貝加倫博物館
Museum Berggruen

Helmholtzstr.

Kaiser-Friedrich-Str.

Otto-Suhr-Allee

Richard-Wagner-Pl.

Westend

Levetzowstr.

Hansapl. Ⓤ

蒂爾公園
見P.95

蒂爾公園

Konditorei & Café G. Buchwald
◎

Ⓢ Bellevue

布蘭登
見

Straße d

Tiergarten

Straße des 17. Jun

勝利女神紀念塔
Siegessäule

裝飾藝術博物館
Kunstgewerbemuseum

古典大師美術館
Gemäldegalerie 🏛

Ⓤ Deutsche Oper

Ⓤ Ernst-Reuter-Pl.

Ⓤ Bismarckstr. Bismarckstr.

Sophie-Charlotte-Pl. Ⓤ

Kaiserdamm Ⓤ2

攝影博物館
Museum für Fotografie 🏛

OTTO 🏠

柏林動物園
◎ Zoologischer Garten

包浩斯文獻館 印刷及插畫博物館
Bauhaus-Archiv Kupferstichkabinet

🏛 柏林中央巴士站ZOB
Messe Nord / ICC Ⓤ Ivbergs

EastBerlin
Fashion & Jewelry

Zoologischer Garten Ⓤ

Savoy 🏠

威廉一世
紀念教堂

威廉一世紀念教堂
見P.100

蚌殼屋
Shellhaus

Sca
Pots
M
Ba

Ⓢ Charlottenburg

Wilmersdorfer Str.

Kantstr.

Savignypl. Ⓢ

Kurfürstendamm

Leibnizstr.

Ⓢ5 Ⓢ7 Ⓢ75

Westkreuz Ⓢ

Ku'Damm 101 🏠

Adenauerpl. Ⓤ

凱綏柯勒惠支博物館
Käthe Wohlfahrt 🏛

選帝侯大道 Kurfürstendamm

Berliner Kaffeerösterei
Bleibtreu 🍴

Uhlandstr. Ⓤ

Lietzenburger Str.

Ⓤ Wittenbergpl.

KADEWE 🏢

Fiona Bennett 🏛

Ⓤ Nollendorfpl. Ⓤ Kurfürster

Ⓢ41 Ⓢ42 Ⓢ46

Halensee Ⓢ

Lewishamstr.

Paulsborner Str.

Konstanzer Str.

柏林故事館
The Story of Berlin

Ⓤ7

Westfälische Str.

Brandenburgische Str.

Konstanzer Str.

Spichernstr. Ⓤ

Hohenzollernpl. Ⓤ

Nachodstr.

Ⓤ Augsburger Str.

Viktoria-
Luise-Pl.

Martin-Luther-Str.

Bülowstr.

Ⓤ Bülowstr

🍴 Winterfeldtmarkt

Pallasstr.

Potsdamer Str.

Goebenstr.

Ⓢ1

Hohenzollernd. Ⓢ

Ⓤ Fehrbelliner Pl.

Westfälische Str.

Bundesallee

Hohenstaufenstr.

Ⓤ9

Ⓤ Güntzelstr.

Eisenacher Str.

Ⓤ Kleistpark

Ⓤ Bayerischer Pl.

Berliner Str. Ⓤ

Ⓤ Rathaus Schöneberg

Ⓢ Julius-Lebe

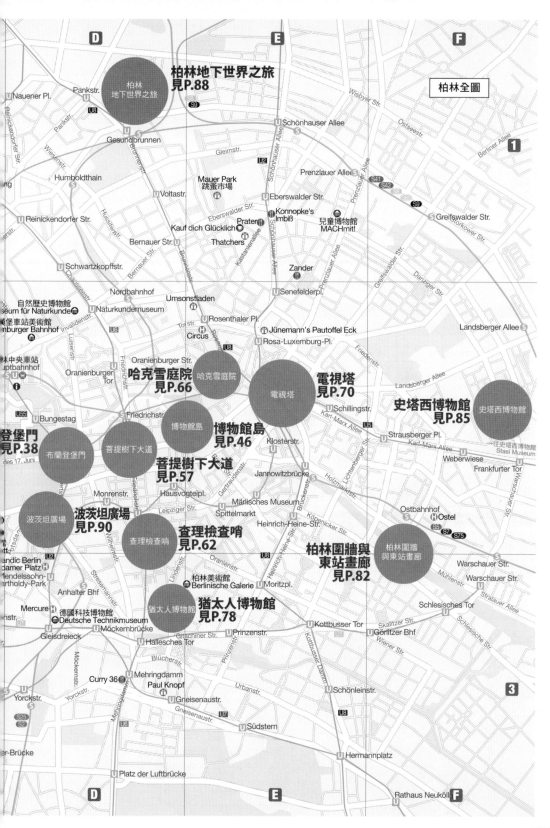

柏林地下世界之旅 見P.88

柏林全圖

哈克雪庭院 見P.66

電視塔 見P.70

史塔西博物館 見P.85

博物館島 見P.46

菩提樹下大道 見P.57

布蘭登堡門 見P.38

波茨坦廣場 見P.90

查理檢查哨 見P.62

柏林圍牆與 東站畫廊 見P.82

猶太人博物館 見P.78

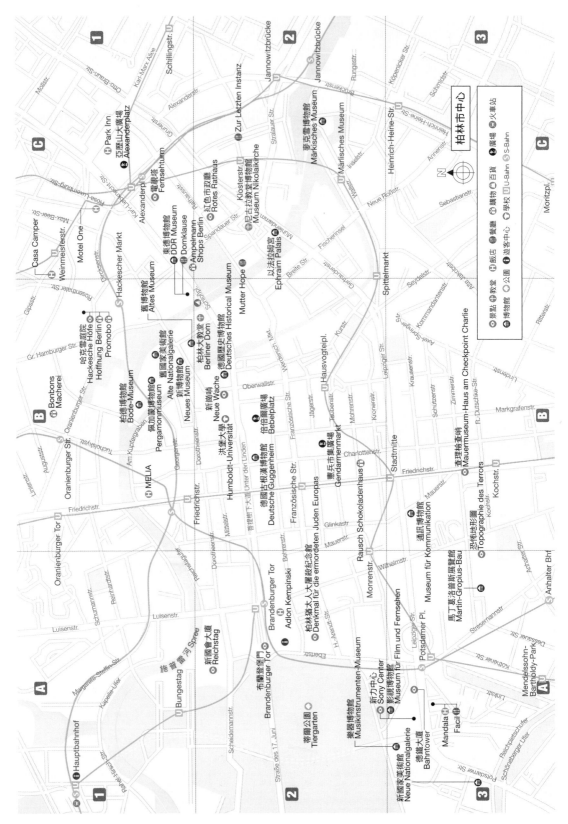

柏林市中心

N

景點　教堂　飯店　餐廳　購物　百貨
博物館　公園　遊客中心　U U-Bahn　S S-Bahn
學校　廣場　火車站

Park Inn
亞歷山大廣場 Alexanderplatz
電視塔 Fernsehturm
紅色市政廳 Rotes Rathaus
東德博物館 DDR Museum
Domklause
Ampelmann Shops Berlin
尼古拉教堂博物館 Museum Nikolaikirche
麥克雪博物館 Märkisches Museum
Klosterstr.
Zur Letzten Instanz

Casa Camper
Motel One
Hackescher Markt
舊博物館 Altes Museum
柏林大教堂 Berliner Dom
德國歷史博物館 Deutsches Historical Museum
Mutter Hope
以法拉姆宮 Ephraim Palais

Bonbons Macherei
哈克雪庭院 Hackesche Höfe
Hoffnung Berlin
Promobo
柏德博物館 Bode-Museum
佩加蒙博物館 Pergamonmuseum
舊國家美術館 Alte Nationalgalerie
新博物館 Neues Museum
新崗哨 Neue Wache

MELIA
洪堡大學 Humboldt-Universität
倍倍爾廣場 Bebelplatz
德國古根漢博物館 Deutsche Guggenheim
Hausvogteipl.

菩提樹下大道 Unter den Linden
憲兵市集廣場 Gendarmenmarkt
Stadtmitte
查理檢查哨 Mauermuseum-Haus am Checkpoint Charlie

Oranienburger Tor
Friedrichstr.
法國教堂 Französische Str.

布蘭登堡門 Brandenburger Tor
布蘭登堡門 Brandenburger Tor
Adlon Kempinski
柏林猶太大屠殺紀念館 Denkmal für die ermordeten Juden Europas
Rausch Schokoladenhaus
通訊博物館 Museum für Kommunikation
恐怖地形圖 Topographie des Terrors
馬丁葛洛普斯展覽館 Martin-Gropius-Bau
Anhalter Bhf

國會大廈 Reichstag
新國會大廈
Bungestag 普雷河 Spree

蒂爾公園 Tiergarten
新力中心 Sony Center
影視博物館 Museum für Film und Fernsehen
Potsdamer Pl.
Mandala
Facil

樂器博物館 Musikinstrumenten-Museum
新國家美術館 Neue Nationalgalerie
鐵塔大廈 Bahntower

Hauptbahnhof

036

無違和！現代與傳統完美結合的美麗首都

柏林
Berlin

「如果沒有到過柏林，感受過這裡的氣氛，我是無法寫出像《Low》、《Heroes》這樣的專輯的！」
~大衛鮑伊(David Bowie)

柏林
Berlin
•

提起柏林，莫不讓人聯想到分隔東西德的柏林圍牆，如今，圍牆已經倒塌超過25週年，柏林就像隻浴火中重生的鳳凰，迫不及待要向世人宣告它的復興。

走出那殘破的過往，柏林人對眼前一切都無比珍惜，形成了集結現代經典與傳統智慧於一身的獨特氣質。不像其它的歐洲城市總是讓旅人感到審美疲勞，柏林總有令人出乎意料的驚喜與啟發，彷彿每一處角落都有故事，為旅人帶來震撼與感動，讓你還沒離開，就開始計畫下一次的造訪。

見證了德意志民族興衰，堪稱是「**德國的凱旋門**」，你就知道它有多重要了！

王牌景點 ①

在城門之上矗立著由四匹戰馬所馳騁的戰車，和高約5公尺的勝利女神。

正反面各有6根多立克柱支撐平頂

柏林：布蘭登堡門

布蘭登堡門
Brandenburger Tor

MAP
P.35
D2

近30年來因為柏林圍牆的興建，使布蘭登堡門成為資本主義與共產主義兩種不同政體的有形界線。

原先設計該城門的本意是要慶祝七年戰爭的勝利，並紀念帶領普魯士崛起的腓特烈大帝。然而，在200多年來的政權更迭中，拿破崙的鐵蹄曾在這裡無情地踏過；普魯士將士們曾在這兒慶祝德意志帝國的統一；納粹的軍隊也曾經在此遊行校閱；而在被蘇聯統治時期，城門上插著的是鐮刀與鎚頭的紅旗。隨著柏林圍牆的興築，這座命運多舛的城門也跟著封鎖，代表著分裂與敵對，直到1989年東德政權瓦解之後，城門才又再度開放。

◎S-Bahn：搭乘S1、S2、S25、S26到Brandenburger Tor站即達。
◎U-Bahn：搭乘U5到Brandenburger Tor站即達。

至少預留時間
只想隨意逛逛
0.5小時
如果剛好碰到
節慶活動
半天

ⓘ Pariser Platz 1

兩側有較矮的石柱
長廊延伸出去

造訪布蘭登堡門理由

1 德國首都柏林的最重要地標

2 德國重要歷史事件的共同背景，是德國和平統一的象徵。

3 別提沈重的歷史了，今日是很多大型活動的舉辦地點，夠High夠歡樂！

©visumate

布蘭登堡門小檔案

起建：1788年

落成：1791年

建築師：普魯士的朗漢斯Carl Gotthard Langhans

建築風格：希臘新古典主義建築

高度：26公尺

寬度：65.5公尺

怎麼玩布蘭登堡門才聰明？

免費但重要

不論是布蘭登堡門、新國會大廈或柏林猶太人大屠殺紀念館，這些在歷史上占有重要地位的景點，全都是**免門票費的**！所以一定要來看看。

↓

小心人多擁擠

©visitBerlin Wolfgang Scholvien

布蘭登堡門是熱門的大型活動或派對舉辦點，如果正巧碰到活動期間，務必要**留意手邊貴重物品**，小心扒手！

↓

參觀新國會大廈

有3種選擇，都需要上網預約，有需要導覽的行程特別容易額滿，**建議提前預約**才不會搶不到名額。

↓

拍攝圓頂

©visitBerlin Wolfgang Scholvien

如果沒機會進入新國會大廈內拍攝圓頂，站在外面得**站遠一點才拍得到**。

拿破崙與布蘭登堡門

©visitBerlin Wolfgang Scholvien
©visitBerlin Wolfgang Scholvien

1.什麼！勝利女神竟然被拿破崙搶走了！

從前的普魯士人為了對抗新興的法國，所以加入由歐洲君主制國家組成的「反法聯盟」。1806年，當時的腓特烈·威廉三世在第四次加入聯盟後，對法國宣戰，卻被剛加冕法蘭西第一帝國皇帝的拿破崙所敗，以征服者身份來到了布蘭登堡門前，將門上的勝利女神取下，裝箱送回巴黎，作為此役的戰利品。一直到1814年，拿破崙被反法聯盟打敗，勝利女神才回到了柏林，並且被當地人稱之為「歸來的馬車」。

2.神聯想！不負責説法：《進擊的巨人》攻進了布蘭登堡門？

根據網路上漫畫迷的推理，近年話題漫畫《進擊的巨人》的靈感來源，應該來自於西班牙浪漫主義畫家法哥雅(Goya y Lucientes)《巨人》系列畫作。其中有幅《巨人》就是比喻有如巨人般的拿破崙入侵各國。而《進擊的巨人》的內容中，巨人第一次攻破牆是發生在劇情中的845年，換算後為西元1806年，那年正是上述拿破崙攻進柏林，並拿走布蘭登堡門的勝利女神的時間。你説，巧不巧？！

什麼是新古典主義建築？

18世紀中葉的歐洲，興起新古典主義運動，當時的建築師參考過去希臘、羅馬遺址而設計的建築。

築——艾斯特劇院
捷克布拉格第一座新古典主義式建

有沒有覺得和雅典衛城很像！

柏林僅存的城門是參考古希臘雅典衛城的城門而建，由12根多立克柱式支撐平頂，並依照愛奧尼柱式雕刻，此形式代表就是雅典衛城的勝利女神廟。此外，大門內的浮雕上還刻畫著羅馬神話中的海格力斯、戰神馬爾斯和智慧女神米奈娃。

柏林：布蘭登堡門

©visitBerlin

紐約憑什麼？！最熱鬧的除夕派對在這裡！

多數人都以為全球最熱鬧的除夕派對在紐約。錯！每年至少超過100萬人湧向布蘭登堡門和勝利紀念柱參加跨年，所以柏林勝出！

事實上不只如此，每年7月份在柏林布蘭登堡門前的六月十七日大街，都會舉辦的「愛的大遊行」派對，這規模也號稱是全世界最大的電子音樂節！

Did YOU KnoW

最短地鐵線的最深又最冷的地鐵站——布蘭登堡門地鐵站(U-Bahn Station of Brandenburger Tor)

柏林地鐵最年輕最短的一段,是2009年8月完工的U55號地鐵線。它全長只有1.8公里,串連布蘭登堡門、聯邦議院(Bundestag)和中央車站(Hauptbahnhof)共3站。

而這個位於布蘭登堡門的布蘭登堡門地鐵站,因為施工技術所需,成了柏林最深、溫度最低的地鐵站,夏天站在裡面覺得分外涼爽。2020年,U55併入了U5路線繼續營運。

哪裡也看得到布蘭登堡門?

1. 1966年4月到1967年4月期間,西德發行過布蘭登堡門系列的郵票。
2. 1989年德國發行最後一套德國馬克紙幣,其中「5馬克」的紙幣背面,就是布蘭登堡門。
3. 當2002年開始正式啟用歐元,各國歐元硬幣的正面設計是統一樣式,而背面則由各國自行設計,而德國的「50歐分」、「20歐分」與「10歐分」皆為布蘭登堡門的圖案。
4. 市區水溝蓋。
5. 風景明信片。

關於布蘭登堡門不可不知的歷史意義!

1. 象徵普魯士王國的崛起。
2. 展現德意志帝國第一次的統一和興盛。
3. 二次世界大戰後,是東、西德國的界線。
4. 冷戰時期是歐洲兩大陣營華沙公約組織、北大西洋公約組織的分界線。
5. 東、西德統一後,布蘭登堡門具有德國再度統一,也是歐洲統一的象徵意義。

巴哈也曾來布蘭登堡找工作!

被稱為西方現代音樂教父的約翰·塞巴斯蒂安·巴哈(Johann Sebastian Bach)有一相當出名的作品《布蘭登堡協奏曲》,據說是巴哈獻給當時布蘭登堡侯爵的作品,同時還附上履歷表,希望能獲得聘用,但卻沒獲得青睞,甚至樂譜還被低價販售。

這裡還流行用日期作地名!

1. 六月十七日大街:西起恩斯特·羅伊特廣場到東邊的三月十八日廣場之間,二次世界大戰後,為了紀念1953年蘇聯鎮壓東柏林示威抗議的六一七事件而得名。
2. 三月十八日廣場:位在布蘭登堡門的西邊。為了紀念德國1948年3月18日的三月革命,和1990年3月18日德國第一次自由選舉人民議會而得名。
3. 八月街:在地鐵奧拉寧堡大街站附近,是柏林許多指標性藝廊集中的地方。

柏林:布蘭登堡門

看完柏林地標，再來造訪歷史上重要景點；今天是有深度小旅行！

MAP
P.36
A2

柏林猶太人大屠殺紀念館
Denkmal für die ermordeten Juden Europas

如何前往
◎由布蘭登堡門前的艾柏特大街(Ebertstraße)向南步行500公尺即可抵達

◎搭乘S1、S2或U5至Brandenburger Tor站下車，沿Wilhelmstr.南行，右轉Behrenstr.即達，路程約300公尺。

info
🏠Cora-Berliner-Str. 1

☎(0)30 2639-4336

🕐石碑廣場(Stelenfeld)24小時開放，資訊中心10:00~18:00(最後入場時間為17:45)，12/23~/26及12/31為10:00~16:00。

🚫資訊中心週一

💲免費

🌐www.stiftung-denkmal.de

❗在資訊中心可租用英文語音導覽，成人€3、優待票€2。

　　美國建築師艾森曼(Peter Eisenman)在柏林

市中心廣達1.9萬平方公尺的土地上，豎起多達2,711塊高大的水泥石碑，一如起伏如波的露天叢林，更像是灰色的血淚印記，深深鐫刻在德國這塊土地上。

　　紀念館的規劃與成立，當初皆備受爭議，好不容易才在1999年獲得議會支持，於2005年5月完工對外開放；讓來自世界各地的參觀者穿梭在那高高低低的石林間，體會無情殺戮的沉重。

各種批判或批判的藝術活動

©visitBerlin

1.Yolocaust：

為紀念在浩劫中受害的猶太人，紀念館安放了2,711塊高低不同的混凝土石塊。遊客若是在此安靜拍照瞻仰，當然沒問題，但有些人卻在石頭上跳來跳去，或擺弄各種拍照姿勢，忘了嚴肅傷痛的史實；這些舉動引起在德國居住14年的以色列裔藝術家Shahak Shapira的不滿，他從網上搜集了各種在此玩耍的自拍照，再修圖拼貼至集中營被殺害者的歷史照片中，在網上發表了名為「Yolocaust」極具爭議性的藝術計劃(「Yolocaust」命名是把「You only live once」的縮寫「Yolo」，與大屠殺的英文「Holocaust」結合)，讓這些照片呈現強烈對比，也具諷刺意涵。

2.絆腳石(Stolpersteine)：

在德國街上有時會見到路面鑲嵌一塊塊四四方方的金屬面，上面刻著人名，這是由德國藝術家所發起的「絆腳石」作品，專門紀念遭到納粹迫害與殺害的人，通常絆腳石會鋪設在受難者生前住家前的路面上，與普通的鋪路石平齊，刻有受難者姓名的絆腳石，也就是他們的紀念牌。目前已有55,000塊絆腳石被鋪設在德國和歐洲其他國家，提醒著世人莫忘史實。

石碑紀念廣場下方的資訊中心，採文物展覽方式，向民眾闡述納粹霸權在歐洲進行的迫害活動，警惕世人勿重蹈覆轍。

石林的外觀容易讓人想起墓碑或棺木，這是建築師的靈感來源之一。

新國會大廈
Reichstag

MAP P.36 A2

如何前往
◎距布蘭登堡門約500公尺
◎S-Bahn：搭乘S1、S2或U5到Brandenburger Tor站下車，穿過布蘭登堡門後右轉，再走約200公尺即達。

info
⌂Platz der Republik 1 ☎(0)30 2273-2152
🕐8:00~24:00(21:45最後入場)，12/24休，12/31至14:00 💲免費 🌐www.bundestag.de

　　新國會大廈保留原來建築的仿古典主義外牆與圓形拱頂，但實體建材使用了玻璃鋼架。國會主體是古典造型的石磚建築，正門門楣上題著「獻給德意志人民」的字樣。當然，德國民主政治的發展並不是一帆風順，因此建於議事堂之上的新圓穹，正象徵著新時代的來臨。而細部設計的採光、透明、通風、太陽能發電等環保措施，則代表著新世紀價值觀——生態平衡。

新國會大廈與原本古典主義的國會大廈是同一棟建築，但加入了建築師佛斯特(Lord Norman Foster)的傑出巧思。

©visitBerlin Wolfgang Scholvien

Did YOU KnoW

建築師佛斯特的作品在亞洲也看得到！

身為英國皇家建築協會外部評議員的佛斯特，建築作品不僅在歐洲受歡迎，在亞洲也很夯喔！著名作品包括香港匯豐銀行總部大樓、香港赤鱲角機場客運大樓、北京首都國際機場新航站等。

香港匯豐銀行總部大樓

Did YOU KnoW

其實這裡根本是座藝術館？！

1. 裡頭收藏價值不菲！

據說大廈內有包括西格爾‧波爾克、約瑟夫‧鮑伊、漢斯‧哈克等約30名現代藝術家的收藏，根據德國法令規定的公共建築中藝術作品的花費比例算，收購價值約800萬馬克，若依照1998年歐洲中央銀行公布的兌換歐元比率換算，約莫400萬歐元吧！

2. 把國會大廈包裝成禮物！

不只內部收藏豐富，連外觀都能讓它搖身一變成為藝術品，美國藝術家夫婦克里斯托和讓娜‧克勞德（Christo and Jeanne-Claude），就曾以特殊材質包裹整棟建築，讓它成為巨大的藝術作品！

這對夫婦的每次創作，都是自費上千萬美元、耗費數年時間完成，如包裹國會大廈經費高達1,300萬美元；而從1995年6月展出2週的時間內，也吸引了多達500萬名遊客，成為柏林史上最受矚目的大型藝術作品之一。

其實有人很討厭國會大廈！

普魯士國王、末代德意志皇帝——威廉二世（Wilhelm II），對於國會大廈的拱頂比他的王城的拱頂還要高，相當不滿，同時也因為對議會的厭惡感，所以經常說這是「庸俗的頂峰」、「糟糕的成品」，甚至私下還稱它為「帝國猴館」。

國會新圓頂外表看來是一頂透明圓穹，實體建材則是高科技的玻璃輕鋼架。

圓頂內部有像是龍捲風似的大樑，遊客可一圈圈地繞上去，從每一個角度自由欣賞。

圓穹底部則是德國國會議事堂，遊客可從透明圓穹中將開會情況一覽無遺。

©visitBerlin Wolfgang ScholVen

人要站遠一點，才能完整將新國會大廈連同圓頂拍進來。

🔊 **參觀議會(皆採預約制)**

- 議會開會期間導覽旁聽：週三13:00開始、週四和週五9:00開始，全程約1小時。
- 國會大廈導覽(議會休會期間)：每天10:30、13:30、15:30、18:30
- 議會史主題導覽：每天9:00、10:30、12:00、13:30、15:00

聚集柏林最重要的博物館們，
知性&美感一氣呵成不假掰！

名畫館藏豐富的舊國家美術館，對喜愛繪畫的遊客是島上的首選。

柏林：博物館島

MAP
P.35
E2

博物館島
Museumsinsel

博物館島之所以被稱為島，是因為這塊區域周圍剛好被施普雷河所包圍，形成一個如牛角般形狀的市區內島。

島上匯集了全市最重要的幾個博物館，從島的最尖端開始，羅列著博德博物館、佩加蒙博物館、舊國家美術館、新博物館和舊博物館，5座美麗的藝術殿堂連成一氣，吸引成千上萬的觀光人潮。

ℹ️
☎ (0)30 266-424-242
💰 博物館島1日券成人€24；柏林博物館3日通行券成人€32、優待票€16。
🌐 www.smb.museum

◎S-Bahn：搭乘S5、S7到Hackescher Markt站下車，沿施普雷河東岸南行，過橋至河的西岸即達。
◎S-Bahn：搭乘S1、S2到Friedrichstraße站下車，沿施普雷河東岸向東南行，過橋至河的西岸即達。

至少預留時間
挑1、2間喜歡的逛逛
2小時
5間都看完
1天

造訪博物館島理由

① 1999年成為世界文化遺產

② 超過5個景點一次看個夠卯死啦

③ 比起其他歐洲的大博物館,這裡不用人擠人!

從車站走到博物館島的路上,會跨過流經柏林市中心的施普雷河,可順便欣賞沿岸的景緻。

1999年成為世界文化遺產的博物館島,無疑是柏林最重要的資產。

怎麼玩博物館島才聰明?

柏林博物館3日券

考慮到除了博物館島,柏林還有許多值得參觀的博物館,時間充裕的人,建議購買柏林博物館3日通行券,**價格算下來很超值**。

週一參觀易撲空

柏林大部分的博物館都選在**週一休館**,所以安排行程時要特別留意**別撲空了**,而買了上述3日通行券的人,也要注意使用時間的安排!

依喜好做取捨

時間不充裕沒辦法每間博物館都看的人,可以視各博物館的特點做決定:柏德像是**德國的故宮**,展出各式古文物和藝術品;舊國家美術館收藏**豐富畫作**;新博物館展出以**史前文物**為主;舊博物館則以**古希臘、羅馬的藝術品**為主。

周邊也有看頭

逛完這幾處博物館後,除了可以參考本書建議的延伸景點,還能沿著提樹下大道離開博物館,往東**是布蘭登堡門**,往西是**柏林電視塔**,也都是步行20分鐘內即可造訪的著名景點。

柏林:博物館島

047

大家都很有特色，5間博物館各有不同寶藏等你發掘！

柏林與博物館島上其他建築最大的不同，在於它是巴洛克式風格，有著富麗堂皇的裝潢。

目前展出的3種類型的展覽品無論在質與量上，都是當代博物館中的佼佼者。

柏德博物館 Bode-Museum
MAP P.36 B1

如何前往
◎距Hackescher Markt站約650公尺
◎距Berlin Oranienburger Straße站約500公尺。
info
⌂Am Kupfergraben 1 ☎(0)30 266-424-242
🕐週三至週五10：00～17：00、週六及週日10：00~18：00。
休週一、週二 ⑤成人€12、優待票€6。
🌐www.smb.museum/museen-einrichtungen/bode-museum/home

這件歷史悠久的祭壇，主題是聖母馬利亞的加冕，這個題材在文藝復興時期十分的流行。

柏德博物館建於1897到1904年，是戰後最先開始重修的博物館，於2006年重新開放，目前用於展示拜占庭藝術、古今錢幣與勳章，歐洲從中世紀、哥德時期、文藝復興時期到巴洛克時期的雕塑作品。

©BTMScholvien

這裡館藏接近50萬件，對於歷史研究來說是珍貴的檔案館。

柏林：博物館島

📖 **原來不叫這名字**

話說這座博物館原先為了紀念德國皇帝腓特烈三世，因而取名「凱撒·腓特烈博物館」，後來為了紀念首任館長威廉·馮·柏德，而在1956年更名為現在的名字。

🔊 **蝦咪！世界最大的金幣被偷了！**

2017年3月27日發生一件令人震驚的大事！收藏在博物館內重達100公斤的世界最大金幣遭竊。這枚由加拿大皇家鑄幣廠於2007年發行的紀念金幣，上面一面鑄有英國女王伊莉莎白二世的頭像，一面刻著加拿大楓葉，面值為100萬美元。

Did YOU Know

蘇打綠迷不可錯過的柏林景點

©visitBerlin Wolfgang Scholvien

收錄在蘇打綠第十張專輯《冬未了》的這首《Everyone》，遠赴柏林拍攝MV，幾乎把包括柏德博物館、柏林大教堂、電視塔、奧柏鮑姆橋、勝利紀念碑等經典景點都囊入影片。想想走逛在這些景點間，一邊聽唱這首歌，該是件多浪漫的事呀！

佩加蒙博物館
Pergamonmuseum

MAP P.36 B1

如何前往

距Berlin Oranienburger Straße站800公尺

info

❗佩加蒙博物館因整修暫時不對外開放。

　　一走進佩加蒙博物館的大門，便是著名的佩加蒙祭壇(Pergamon Altar)，1878年在土耳其西境被德國考古學家發掘後，便被拆成小塊運回柏林，然後在博物館島上重新組裝搭建。博物館的另一處重頭大戲則為伊希達門與遊行大道(Ischtar Gate with Processional Road)。

注意！請前往新館參觀

佩加蒙博物館現因進行翻修工程而暫時關閉，預計2027年展示佩加蒙祭壇的北翼將重新對外開放。整修期間，遊客可至對街新建的臨時展館Pergamonmuseum. Das Panorama參觀。

🏠Am Kupfergraben 2
🕙10:00~18:00
🚫週一
💲成人€12、優待票€6
🌐www.smb.museum/en/museums-institutions/pergamonmuseum-das-panorama/home/

MAP P.36 B1

Did YOU KnoW

德國拿走法國人的點子

我想法國人應該會覺得扼腕吧！早在18世紀時，法國Count Marie Gabriel就先提出要挖掘佩加蒙衛城，沒想到德國工程師Carl Humann在1871年工作時，最先發現了古建築的碎片，於是火速送到柏林博物館，並在博物館支持下，開始進行考古工程，並將古物運回柏林。

穿過佩加蒙祭壇後是另一座輝煌的古羅馬建築米列市場大門(Market Gate by Milet)

佩加蒙博物館建於1930年，是博物館島上最年輕的一座。

佩加蒙祭壇底部的雕刻描述的是諸神與巨人之間的戰爭，這些雕飾誇張的表現極具戲劇張力，是希臘化時代的經典藝術特徵。

祭壇的規模非常的龐大，有數十階的樓梯。

伊希達門為西元前6世紀雄霸兩河流域的新巴比倫王尼布甲尼撒二世(Nebuchadnezzar II)所建，壯麗非凡的巴比倫式城牆，在海藍色的磚牆上，浮雕出金黃色的動物形象，華貴中煥發出一代帝王的威嚴。城門左右延伸出的遊行大道，兩旁華麗的彩色紋飾和兇猛的獅子浮雕，都讓人聯想起當年新巴比倫大軍橫掃西亞的威風。

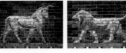

2樓展示的是8到19世紀的伊斯蘭藝術，這裡也有一座實體重建的慕夏塔宮殿正面外牆(Mschatta Facade)，那是於8世紀時由阿拉伯帝國哈里發瓦里二世(Walid II)所建，原址在今天的約旦。

舊國家美術館
Alte Nationalgalerie

MAP
P.36
B1

©visitBerlin Wolfgang Scholvien

如何前往
◎距Hackescher Markt站約500公尺

info
⌂Bodestraße ☏(0)30 266-424-242
◉週二、週三、週日9:00~18:00，週四、週五、週六9:00~20:00。
㊡週一
$成人€12、優待票€6，特展期間門票會變更。
ⓦwww.smb.museum/museen-einrichtungen/alte-nationalgalerie/home

　舊國家美術館建於1867年，收藏以19世紀的畫作和雕刻為主。其中有很大一部分是德國本地畫家的作品，包括門采爾(Adolph Menzel)、李卜曼(Max Liebermann)與科林特(Louis Corinth)在內，風格涵蓋德國浪漫主義、表現主義及印象主義。當然，美術館中也不乏國人所熟悉的法國印象派大師傑作，例如馬內、莫內、雷諾瓦、塞尚、羅丹等人的作品，都有豐富的收藏。

 德國浪漫主義和弗里德里希

1.想了解近代德國的思考哲學，就不能不提到德國浪漫主義思潮。其始於1790年工業革命開始前後，於18世紀在德國藝術、文學、音樂、語言等方面都影響深遠。德國浪漫主義以強烈的情感作為美學經驗來源，把內心感受與情緒真實呈現與轉化，抒發出內心世界的細微感受，更以人在大自然中的壯麗景致，表現出人類的敬畏與渺小。浪漫主義的影響之一，是促進德國民族意識凝聚，讓德國人更加團結。

2.德國浪漫派畫家中，最負盛名的首推弗里德里希(Caspar David Friedrich)，他終其一生，都以浪漫情懷來表現風景畫。他的母親在他7歲時去世，13歲時他的哥哥把他從溺水中救出，反倒送掉了自己的命。這些悲痛的經驗，讓他的畫作中常出現死亡、憂愁、自然之中人類如此渺小等題材，他常常漫步於山林海濱，探索自然風景，在舊國家美術館之內，就收藏他數幅作品，其中最著名的是《海邊的僧侶》(The Monk by the Sea)。

Did YOU KnoW

和羅浮宮之間的小秘密

看過希臘神話的人應該知道小愛神丘比特和賽姬的愛情浪漫故事，當時邱比特因為母親維納斯的反對，只能趁著晚上才能和賽姬在黑暗的宮殿約會，並且約法三章，不容許賽姬看他的容貌，但是

《賽姬偷看邱比特》　《邱比特與賽姬》

賽姬實在太好奇了，趁著邱比特睡著，拿著燭燈要看他的長相，沒想到蠟油滴在邱比特身上，邱比特醒來大怒賽姬不遵守諾言，瞬間消逝。

傷心的賽姬只好去向邱比特的母親維納斯求情，但是維納斯因為嫉妒賽姬的美貌，於是設下重重難關，希望賽姬知難而退，沒想到賽姬一一克服，同時眾神也一起向維納斯求情，於是維納斯終於讓他們在一起，成就一對佳偶。

而故事的前部《賽姬偷看邱比特》出於德國雕塑家貝佳斯(Reinhold Begas)之手，就被收藏在舊國家美術館；義大利雕塑家卡諾瓦(Antonio Canova)雕出了美好的結局《邱比特與賽姬》，則被收藏在法國羅浮宮裡。

更多精采館藏

① 門采爾的《軋鐵工廠》

(The Iron-Rolling Mill)，1875年

這幅畫是門采爾最著名的作品，生動描述了工人階級的勞動生活，有重要的時代意義。

② 雷諾瓦的《小孩的午後》

(Children's Afternoon at Wargemont)，1884年

典型的雷諾瓦作品，悠閒溫馨的氣氛、對女性的描寫和舒服的光線，一切都讓人想栽進那個情境裡！

③ 馬內的《在溫室裡》

(In The Conservatory)，1878~1879年

畫中場景為馬內當時在巴黎的溫室工作室，畫中女子坐在長椅上，丈夫正半靠椅背與之交談，相較過去馬內畫作，這幅畫對臉和手有更為細膩的描繪。

④ 羅丹的《沉思者》

(The Thinker)，1881~1883年

全世界20多座羅丹的沈思者雕塑，一座便位於舊國家美術館。

⑤ 黑格爾的肖像

他是德國偉大的哲學家。(Hegel portrait)，1831年

鎮館之寶《娜芙蒂蒂胸像》是埃及史上最神祕的法老王埃赫那頓(Akhenaten)的王后，也是世界上古史中著名的傳奇美女，1913年時被德國考古學家以帶有爭議的手段運到柏林，因此近年來埃及政府正積極要求索回。

新博物館
Neues Museum
MAP P.36 B1

如何前往
◎距Hackescher Markt站約500公尺
info
⌂Bodestraße ◔10:00~18:00，7/4~9/1週二至週六9:00~20:00、週日9:00~18:00。 休週一 ⑤新博物館+Elephantine成人€16、優待票€8。 ⊕www.smb.museum/museen-einrichtungen/neues-museum/home

　　新博物館落成於1843~1855年，然而在二次大戰中將近全毀，所幸統一後的新政府決定對它進行重建。現在的新博物館專門用來展示古埃及的文化與藝術，最受全球矚目的爭議性展品，就是世上公認最富藝術價值的古埃及藝術品──《娜芙蒂蒂胸像》(Nefertiti)。　另外值得一看的為豐富的莎草紙抄本典藏，而像是木乃伊棺槨、神殿象形文字等，也是鎮館之寶。

禁！唯一不能拍照的藏品是？
沒錯！就是這裡的主角《娜芙蒂蒂胸像》

Did YOU KnoW
誠實面對歷史
經過世界大戰摧殘，原來這座博物館有約70%的部分被摧毀，負責修繕的英國建築師David Chipperfield不主張複製所有建築細節，而是恢復主架構外，盡量重新使用已經被破壞的建材與裝飾，讓歷史痕跡與新設計同時存在，他並稱此理念為「誠實面對歷史」。不過此舉也遭受不少爭議，有公民組織就大力直言，新博物館應該重新整修，不該被看到戰爭殘留的不堪。

Did YOU KnoW
有沒有發現？！
館內藏著一座羅馬萬神殿
建築師將博物館的核心設計成為一座圓廳，以羅馬萬神殿為設計模仿的標的，並計畫在此區置放展示館內最珍貴的藏品。

階梯旁的雕像《亞馬遜女戰士》氣勢非凡，是德國著名雕刻家August Kiss的作品。

舊博物館
Altes Museum
MAP P.36 B1

如何前往
◎距Hackescher Markt站約700公尺
info
⌂Am Lustgarten
◔週三至週五10:00~17:00、週六及週日10:00~18:00。
休週一、週二 ⑤成人€12、優待票€6。
⊕www.smb.museum/en/museums-institutions/altes-museum/home

　　舊博物館完工於1830年，是柏林的第一座博物館，它可以說是偉大的建築設計師申克爾(Karl Friedrich Schinkel)的嘔心瀝血之作。他用了18根高87公尺的愛奧尼亞式廊柱，呈現等比、對稱的宏偉門面，對稱排列，是典型的新古典主義建築。入口前是一片大廣場，光是外觀的氣勢就讓人為之震撼。簡單卻宏偉的架構，自然成為後來許多博物館的建築典範，像新博物館和國家美術館等，都有仿造舊博物館的影子。目前的展出以古希臘、羅馬的藝術品為主。

柏林大教堂
Berliner Dom
MAP P.36 B2

如何前往

◎位於博物館島上

◎搭乘U5至Museumsinsel站，步行約3分鐘。

info

🏠Am Lustgarten

☎(0)30 2026-9136

🕐平日10:00~18:00，週六10:00~17:00，週日12:00~17:00

💲成人€10，優待票€7.5

🌐www.berlinerdom.de

❗門票只能在官網上購買。進入教堂需通過安檢，大型隨身包不能攜入。

　　這是一座建於1894~1905年間的新教教堂，具有文藝復興時期的建築風格，可容納約1,500個座位。教堂在第二次世界大戰時曾遭破壞，整修的工程曠日費時。在其英挺壯觀的外觀之下，有著更多精神層面的意義，因為這座教堂可說是統理普魯士地區有500多年歷史的霍亨佐倫王朝家族的紀念殿堂，教堂南邊有腓特烈一世和其妻子的石棺供人參觀，另外還有家族其他成員近90座的石棺埋葬於此。

燈光節最不能錯過的風景

若是選在秋天來到柏林，一定不能錯過年度盛事「柏林燈光節」(Festival of Lights)，主要建築包括柏林大教堂、布蘭登堡門、菩提樹下大道…特別是教堂花俏爭豔的燦爛燈效，更是必看推薦。

©visitBerlin

Did YOU KnoW

為了和梵蒂岡聖彼德大教堂一較高下

©BTMScholven

千萬別搞錯！柏林大教堂是基督教路德教派教堂。1894年當時在位的威廉二世，特別拆掉原先的教堂，並命尤利烏斯(Julius Raschdorff)建造，作為基督教會和梵蒂岡聖彼德大教堂較勁的宗教代表。

柏林：博物館島

文藝復興風格的大圓頂，圓頂上是真金鑄成的十字架。從頂樓可以俯瞰市中心。

©visunate

教堂位於博物館島上，緊鄰施普雷河，河岸上是休憩、享受美景的好地方。

MAP
P.36
B1

東德博物館
DDR Museum

如何前往
搭乘U5至Museumsinsel站，步行約4分鐘。
info
🏛Karl-Liebknecht-Str. 1
📞(0)30 847-123-730
🕐每日9:00~21:00
💰成人€13.5，6歲以上兒童€8
🌐www.ddr-museum.de

　　二次大戰結束後，德國東部包括東柏林在內被紅軍占領，在蘇聯的控制下，東德與西德的人民開始走向南轅北轍的生活。

　　這間博物館以東德為主題，但其實少有嚴肅的議題，大多是展示東德人民食衣住行育樂的生活面相。

柏林：博物館島

Did YOU KnoW

別小看東德，知名保養品牌 Florena發源地在這裡

護膚知名品牌「Florena」早在1920年就成立了，是東德時代最大的化妝品公司耶。部份先前時期的產品現在在博物館裡，也看得到！

用裸體追求自由

在解放身體這件事，德國可是領先歐洲！裸體主義的德文「Freikoerperkultur(FKK)」，英文意思是「Free Body Culture」，約莫在1920時在德國發展起來，兩德分裂後，東德人將此作為追求自由的最後權利，所以發展更甚。偷偷說，網路上就有流傳年輕時德國總理梅克爾，在東德參加天體營的照片，當然這也從未被總理辦公室證實就是了。

門口附近的汽車，遊客可以坐進去發動引擎，隨著前方的螢幕穿梭在東柏林街頭。

博物館內有相當大的部分佈置成東德典型家庭的樣貌，你可以肆無忌憚地在這戶人家內翻箱倒櫃，坐在沙發上觀看東德的電視節目，再翻閱東德書籍。

東德時期的手足球台，這種遊戲在歐洲十分的流行，很多酒吧都有手足球台，來到這裡不妨試看看！

這裡最吸引人的是，幾乎每樣物品都可以拿起來把玩或親手操作。

Ampelmann Shops Berlin

MAP P.36 C1

如何前往
搭乘S5、S7或U2、U5、U8至Alexanderplatz站下車，沿Karl-Liebknecht-Str.西行約500公尺即達。
info
🏠Karl-Liebknecht-Str. 5 📞(0)30 8471-2045
🕐週一到週四10：00~18：00、週五和週六10：00~20：00、週日及公眾假日12：00~18：00
🌐www.ampelmann.de

　　在東柏林的街頭等著過馬路時，會發現行人號誌燈中的小人，因為戴著帽子，感覺有點不太一樣。1990年之後，這些號誌人並沒有隨著政府一起統一，反而作為一種流行的元素而保留下來，甚至衍生出遍布德東的商品文化。目前Ampelmann Shops在柏林已開有5家分店及一間咖啡館，除了這家之外，另外4家位於哈克雪庭院、菩提樹下大道、衛兵市集廣場與中央車站。

柏林：博物館島

從前東德使用的交通號誌人，戴著一頂寬邊禮帽的模樣，就是特別有型。

這裡可以找到各種號誌人造型產品，書架、花瓶、T恤、馬克杯、雨傘、海綿、文具用品、皮包…甚至連號誌人形狀的義大利麵都有。

Did YOU KnoW

柏林有熊出沒！

熊是柏林的市徽，在柏林市區的許多角落，你會看到各式裝扮的柏林熊在向你打招呼。這些可愛的柏林熊，不但美化了市容，也成為觀光客拍照的熱門景像。柏林熊的起源已不可考，但據信柏林以熊為市徽至少已有百年的歷史，甚至柏林這個地名，都是從德文中的小熊「Barlein」衍生而來。

 用餐選擇

超值選擇的德式好滋味！

柏林：博物館島

Mutter Hoppe

傳統德式料理

內行人都知道，在柏林若是想吃道地的水煮豬腳（Eisbein），就一定要到Mutter Hoppe。這裡的水煮豬腳滋味鮮美，口味不會太鹹，尤其肉質之嫩，放進口中，用舌頭都可以攪爛；道地的水煮德式香腸佐洋芋和酸菜，用培根拌炒過的洋芋和醬汁是絕配。

Mutter Hope的招牌特色菜（Hausspezialitäten）相當出色，除了水煮豬腳，還有脆皮豬腳（Knusprige Schweinshinterhaxe）、名為「大拖鞋」（Großer Latschen）的大塊炸肉排、烤小牛肝（Gebratene Kalbsleber）、嫩烤牛肉（Zartes Roastbeef rosa）等，此外，還有多樣蔬食選擇，如大型蘑菇鑲菠菜及羊奶酪，喜愛拼盤的食客可選擇乳酪拼盤（Käseplatte）、佐醃黃瓜的肉丸拼盤（Bouletteller），菜式豐富極了。

Mutter Hope的裝潢走的是復古居家風格，來這裡用餐就好像到20世紀初的德國人家裡作客一樣，氣氛十足。

🅐 P.36C2　🚇 搭乘S5、S7或U2、U5、U8至Alexanderplatz站下車，往Rathaus方向，沿Rathausstr.西行即達，路程約550公尺。🏠 Rathausstr. 21　📞 (0)30 2472-0603　🕐 11:30起　💲 招牌特色菜€14.9起　🌐 www.mutterhoppe.de

水煮豬腳
Berliner Eisbein
€18.9起

推薦菜

MÄRKISCHER LANDMANN

一條訴說著歷史的路，幫你把景點串在一起！

造訪菩提樹下大道理由

1 柏林的香榭麗樹大道

2 看看德國人對歷史的態度、對戰爭的反省。

3 全程可步行的觀光區

4 旅途中不可或缺的心靈沉澱行程

柏林：菩提樹下大道

MAP P.35 D2

菩提樹下大道
Unter den Linden

菩提樹下大道上的樹木其實都是椴樹，但其中文譯名早已積非成是，因而沿用至今。在17到19世紀的200多年間，這裡是柏林最繁華的一條大街，由街道兩側眾多的古蹟建築即可證明，大道的盡頭是腓特烈大帝騎馬像。這條優雅的林蔭大道從布蘭登堡門延伸到施普雷河岸，如今是柏林市中心的交通樞紐。

ⓘ Unter den Linden

◎U-Bahn：搭乘U5、U6至Unter den Linden站即達。

⌄ 至少預留時間
只想逛逛賞風景
1小時
想散步兼搞清楚
德國歷史
半天

怎麼玩 菩提樹下大道 才聰明？

布蘭登堡門夜景

建議從東邊開始走起，晚上剛好走到布蘭登堡門，**晚上的布蘭登堡門會點燈**，夜景很漂亮！

24小時票

菩提樹下大道很長，沿路有很多景點，不想走路或想要花一整天跑比較多的地方，不如買**24小時票(24-Stunden-Karte)**，可不限次數搭乘市內大眾運輸，讓車子替你跑腿。

柏林必買紀念品

柏林票選必買3大紀念品為**柏林圍牆碎片、柏林熊和號誌人**。

貝聿銘作品

©Deutsches Historisches Museum

德國歷史博物館有著**貝聿銘操刀擴建的側翼**，請記得特別走過去駐足欣賞。

→

菩提樹下大道西起布蘭登堡門，向東延伸1.5公里，穿過博物館島，一直到高聳的柏林電視塔。

©visitBerlin

走一趟德國歷史博物館，就能對這個國家的歷史有個基本了解。

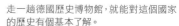

二次大戰後成為軍國主義受害者的紀念堂——新崗哨

這條林蔭大道從布蘭登堡門起，連接了許多著名景點和重要機構。

洪堡大學與諾貝爾獎

洪堡大學與諾貝爾獎：想成為歷史名人？想得到諾貝爾獎？那就要想辦法考進洪堡大學，不然至少要來此走一走磨一下地，看從此會不會比較有成就。

沿著菩提樹下大道，走出德國人的歷史。

德國歷史博物館
Deutsches Historisches Museum

MAP P.36 B2

如何前往
◎從Brandenburger Tor站沿菩提樹下大道一路向東，直到施普雷河的西岸即達。
◎搭乘U5至Museumsinsel站，步行約2分鐘。
info
⌂舊館Unter den Linden 2，新館Hinter dem Gießhaus 3　☎(30) 203-040　◷新館10:00~18:00　⑤成人€10、優待票€5，18歲以下免費。　🌐www.dhm.de　❶舊館整修暫時關閉，請至貝律銘建造的新館參觀。

從新崗哨紀念堂出來再往前走幾步路，就是建於1695年到1706年間的軍械庫(Zeughaus)，1987年改為德國歷史博物館，展出德國從古到今的歷史、文化、宗教與藝術，收藏文物超過90萬件，其中約有7千件作為永久性的展出。

貝律銘操刀擴建的側翼，是完美地結合現代與過去的大師級作品。
©Deutsches Historisches Museum

柏林：菩提樹下大道

📖 亞洲哪裡也看得到貝聿銘的作品？

東海大學路思義教堂

作為德國歷史物館新館建築師的貝聿銘，除了以法國羅浮宮最為人們知曉，事實上，在亞洲甚至台灣也看得到這位大師的作品，如台灣東海大學路思義教堂、中國大陸北金香山飯店、香港中銀大廈、中國蘇州博物館等。

倍倍爾廣場
Bebelplatz

MAP P.36 B2

如何前往
位於菩提樹下大道上，柏林洪堡大學正對面。

大道旁華美壯闊的倍倍爾廣場，曾經是希特勒焚書的地方，因此這裡每年都會舉辦書會活動以示紀念。

這裡是德國培育菁英的學術最高殿堂，雕像的人物是德國著名的物理學家亥姆霍茲（Hermann von Helmholtz）。

洪堡大學
Humboldt-Universität zu Berlin

MAP P.36 B2

如何前往
從倍倍爾廣場過菩提樹下大道即可到達

info
⌂ Unter den Linden 6
☏ (30) 209-370-333
🌐 www.hu-berlin.de/de

倍倍爾廣場正對面就是柏林最高學府的洪堡大學，由德國史上著名的教育改革者洪堡兄弟所創辦。是德國首都柏林最古老的大學，在過去的200年中，洪堡大學培育出了許多偉大的學者，其中有40位諾貝爾獎獲得者。

歷史名人保證班！

原名為腓特烈‧威廉大學的洪堡大學，是柏林歷史最悠久的大學，裡頭可是出了不少我們從小在課本裡讀到的名人，像是統一德國的首相俾斯麥、詩人海涅、台灣前中央大學校長羅家倫、台灣大學校長傅斯年、創建馬克思主義的卡爾‧馬克思…至於老師的陣容也很驚人，如物理學家愛因斯坦、化學家拜耳、哲學家黑格爾和叔本華等。

太傑出的洪堡兄弟！

以洪堡兄弟為名的大學，紀念著歷史上赫赫有名的兄弟檔，哥哥名為威廉，弟弟為亞歷山大。哥哥是德國重要的語言學者、教育學家，及普魯士官員。弟弟則是著名的自然科學家、探險家。德國歷史上沒有哪一對兄弟能像洪堡一樣，以其研究和豐富的學養，對德國影響深遠。洪堡兄弟倆都受到良好教育，哥哥威廉轉學到哥廷根大學後，改讀哲學、歷史、古典語言學，並結識德國文豪席勒與歌德。在母親去世後，洪堡兄弟獲得了遺產，弟弟將家產全數花在前往美洲的探勘之旅上，為世人留下豐富的自然觀察筆記，描繪出地球另一端的風土樣貌。哥哥威廉則成為普魯士的教育部長，並創建了柏林洪堡大學。

哥哥威廉
Friedrich Wilhelm Christian Carl Ferdinand von Humboldt

弟弟亞歷山大
Friedrich Wilhelm Heinrich Alexander von Humboldt

新崗哨
Neue Wache

MAP
P.36
B2

如何前往
洪堡大學旁
info
🏛Unter den Linden 4
☎(30) 250-023-33
🕙10:00~18:00
🌐www.visitberlin.de/de/neue-wache

　　在新崗哨空蕩蕩的大廳裡，只看見悲傷的母親哀撫著死難子女的銅像《母親與亡子》，畫面寂靜卻又動人心弦，遠勝過千言萬語的說教文字。

　　銅像作者是德國最具影響力的女藝術家凱綏‧柯勒惠支(Käthe Kollwitz)，她的兒子與孫子相繼在一次大戰和二次大戰中陣亡，因此她作品的主題常是悲切的母親形象。

洪堡大學旁原是皇家衛兵的新崗哨，二次大戰後成為軍國主義受害者的紀念堂。

蕭殺、冰冷的建築，彷彿在訴說著人們對戰爭的深惡痛絕。

白雪從天窗飄下，積在《母親與亡子》銅像上，讓人不禁想起那些在戰爭中遭受苦難的人們。

柏林宮重出江湖！

©Humboldt Forum

©Humboldt Forum

©Humboldt Forum

©Humboldt Forum

　　柏林宮(Berliner Stadtschloß)曾經是普魯士王國和德意志帝國的皇宮，在二次世界大戰時淪為廢墟，東德在原址上建了共和國宮，後因石棉汙染在2003年拆除，因應許多德國人主張重建，在2013年破土開工，2020年，柏林宮落成以「洪堡論壇」(Humboldt Forum)的身份重現。
　　偌大的建築主體，還原過往柏林宮的巴洛克式外觀，西側立面的巨大青銅圓頂與正門外的柯林斯式圓柱，讓建築更顯雄偉氣派，東側立面則呈現當代極簡風格，與鄰近的柏林大教堂形成強烈對比。
　　內部闢設民族人類學博物館(Ethnologisches Museum)、亞洲藝術博物館(Museum für Asiatische Kunst)、雕塑大廳(Skulpturensaal)、全景影像廳(Videopanorama)、宮殿地基遺址(Schlosskeller)等多個展示空間，展出來自世界五大洲的兩萬多件考古學與人類學藝術品。
🚇搭乘U5至Museumsinsel站即達
🏛Schlossplatz
🕙10:30~18:30，週二休。
🌐www.humboldtforum.org

柏林：菩提樹下大道

柏林：查理檢查哨

現在檢查哨的哨兵已經成為了觀光客們最好的合照對象了

MAP P.35 D2 查理檢查哨
Checkpoint Charlie

當初檢查哨是為了圍牆而存在的，現在和檢查哨並存的，是柏林圍牆博物館，館內有名箴言：「逃亡為發明之母」，為從東德逃亡，人們想出各種方式。從挖地道、坐熱氣球，到藏在皮箱裡、喇叭裡，一切都見證著關於圍牆的辛酸。

檢查哨前的路口，高懸著美國大兵的照片，背面則是蘇聯大兵的照片，看板上以德、英、法、俄4種語言書寫著：「你正越過美國邊界」。目前的展示板是複製品，真品收藏在博物館裡。

一來一往的單行道，盡是載滿觀光客的遊覽車；路旁小販則賣著共產時代的軍裝大衣、覆耳絨帽和鐮刀臂章，上一世紀的歷史，已成為這一世紀的娛樂。

🏠 Friedrichstr. 43-45
📞 (0)30 253-7250
🕐 每日10:00~20:00
💰 成人€18.5、優待票€9.5~12.5
🌐 www. mauermuseum.de
❗ 拍照許可€5，租借語音導覽€5

U-Bahn：搭乘U6至Kochstr.站即達；亦可搭U2至Stadtmitte站。

造訪查理檢查哨理由

1 能跟帥氣的美國大兵合照,能不來嗎!?

2 柏林No.1的巧克力就在附近

3 當然也不是這麼膚淺,一定要到柏林圍牆博物館增加我們的深度!

Did YOU KnoW
不要問我查理是誰!

東、西德還沒有統一時,東德這邊的人穿越柏林圍牆,都需要經過檢查哨,當時美軍為了容易辨別,就以字母作為檢查哨的命名方式,像是A即是Alpha檢查哨,B則為Brovo檢查哨,至於C就是查理(Charlie)檢查哨,也被稱為C檢查哨。所以來這裡可千萬別問查理是誰,不然就太糗了!

至少預留時間
隨意逛逛拍照
1小時
想成為柏林圍牆專家
3小時

美國大兵的照片,模擬當時的戒備狀態。

地上的線是柏林圍牆的舊址所在,今天只需輕輕地跨過去,當時人們卻願意拋頭顱灑熱血。

怎麼玩查理檢查哨才聰明?

拍照要付小費

其實那些美國大兵是**街頭藝人**扮的,所以拍完他們會跟你要1歐元的小費,不想的話要記得拒絕。

第一名的巧克力

Rausch Schokoladenhaus公認為柏林巧克力的金字招牌,販售種類豐富的**巧克力產品**,千萬別錯過來這裡嚐嚐喔!

要愛咖哩香腸

柏林人真的很愛吃咖哩香腸,建議來這裡要**學著熱愛品嚐**,相信會很快讓你交到朋友,增添好人緣。

別找查理

這裡的檢查哨皆以字母作為命名,C就是查理(Charlie)檢查哨,所以在查理檢查哨可**別找查理**。

東德汽車博物館

這邊離東德汽車博物館(Trabi-Museum)很近,Trabi是東德的車廠,這裡展出的都是很**稀有的老爺車**,對車有興趣的朋友不能錯過!

柏林：查理檢查哨

恐怖地形圖
MAP P.36 A3
Topographie des Terrors

如何前往
◎從查理檢查哨步行約500公尺。
◎從Kochstr.站沿Kochstr.西行，右轉Wilhelmstr.即達，路程約350公尺。
info
🏠Niederkirchnerstraße 8 ☎(0)30 2545-0950
🕐10:00~20:00(戶外開放至天黑) 🚫12/24、12/31、1/1 💰免費 💻www.topographie.de

　　恐怖地形圖的地理形勢，說起來並不恐怖，不過是在市區的一片平坦空地，然而它在人們心中的恐怖意義，卻遠超過自然界的窮山惡水。這裡曾是蓋世太保(Gestapo)與黨衛軍(SS)的辦公室，直到1945年被炸成一片瓦礫堆，戰後又因為地處美蘇佔領區邊界，瓦礫堆的狀態便一直持續到現在，現今建有文獻館供人參觀。

柏林：查理檢查哨

位於空地北側是未被拆除的柏林圍牆，這也是今日殘存圍牆中較長的一段。

2010年，柏林在空地上方建成一座文獻館，供人們查閱資料，同時挖掘出從前囚禁人民的秘密地下室，也開放參觀。

無法想像，1933~1945年間這裡是令人聞風喪膽的蓋世太保與黨衛軍所在地，在這裡策劃的抄家滅族多不可數，被抓進地下室內拷打審訊的人數以萬計。

Did YOU KnoW

咖哩香腸打哪來？

關於咖哩香腸的緣起，其中最具傳奇色彩的說法是在漢堡開小吃店的Lena Brücker，不小心打翻了番茄醬和咖哩粉，當時正逢戰後物資短缺，為免浪費，便拿來作為香腸蘸醬，咖哩香腸就這麼誕生了。

在柏林，還有個創始說法，就是1949年住在西柏林的Herta Charlotte Heuwer，他從駐德的英國士兵拿到伍斯塔醬、咖哩粉等調味料，再和其他香料混合熬煮，淋在豬肉香腸上創造了咖哩香腸。

咖哩香腸很有事！

根據曾經開設的咖哩香腸博物館的估算，德國人平均每年要吃掉八億根咖哩香腸，其中有七千萬根是被柏林人吃掉的。看來，想要融入柏林的生活，吃咖哩香腸是一定要的。

據說在柏林有個不成文政治傳統，想要角逐柏林市長的候選人，都會跟咖哩香腸攤合照，展現自己貼近很百姓生活，好博得選民的支持。

咖哩香腸深入民間，不少藝文作品或網路媒體也會以此為主題，像德國歌手赫伯特‧格林邁爾在1982年發行的專輯《Tatal Egal》中，其中有一首歌的名稱就叫「咖哩香腸」。

🔊 來聽聽納粹頭目被審判錄音

想知道壞人最後如何嗎？那就別錯過博物館內的收藏「紐倫堡審判」的審判錄音，只要按下Play，就會聽到盟軍檢察官和被告的現場音。

2樓的巧克力餐廳供應巧克力蛋糕等餐點。

一樓的店面中展示許多以巧克力製成的巨大模型。

這裡的巧克力既美味包裝又精美，拿來當伴手禮再適合不過了！

MAP P.36 B2

Rausch Schokoladenhaus

如何前往

◎從查理檢查哨步行約650公尺。

◎搭乘U2、U6至Stadtmitte站下車，沿Kronenstr.東行，左轉Charlottenstr.，至與Mohrenstr.的路口即達，路程約220公尺。

info

⌂Charlottenstr. 60

☎(0)30 757-880

🕐12:00~19:00(2樓餐廳平日11:00起)

🌐www.rausch.de/schokoladenhaus

Rausch和Fassbender原本是兩家創立於19世紀的巧克力工坊，其中的Fassbender還曾被德意志皇室欽點為御用巧克力廠商。到了1999年，這兩家公認為柏林最好的巧克力家族終於合組成一間公司，成為柏林巧克力的金字招牌。

Rausch以松露巧克力最為有名，在1樓的店面中除了有種類豐富的巧克力產品，還展示許多以巧克力製成的巨大模型，像是布蘭登堡門、新國會大廈、鐵達尼號等，精雕細琢的巧手工藝，簡直就是間以巧克力為材料的雕塑博物館。

而2樓的巧克力餐廳供應巧克力蛋糕與可可等餐點，在當地也十分有名。

超Hot！老房子裡的時髦新品味

王牌景點 **5**

DIE HACKESCHEN HÖFE

柏林：哈克雪庭院

哈克雪庭院
Hackesche Höfe

`MAP P.35 E2`

平均高度5層、由8個內院組成的哈克雪庭院建於19世紀，自1991年開始改建後，許多棄置的空間在不變更建築外觀及窗戶形式的前提下，內部都先後搖身一變，成為氣氛獨具的餐廳、服飾店、藝品店等，而在2010年左右，另一波精品商店潮進駐這裡，現在的哈克雪庭院，已成為柏林東區時髦的代名詞。

🏠Rosenthaler Str. 40/41
📞(0)30 2809-8010
🌐www.hackesche-hoefe.com

◎S-Bahn：搭乘S5、S7至Hackescher Markt站下車，穿過車站北邊的廣場到馬路對面的Rosenthaler Str.轉角即達。

至少預留時間
隨意逛逛拍照
0.5小時
好多店都想逛
3小時

造訪哈克雪庭院理由

1 類似台北松山文創園區，文青一定愛

2 也是柏林東區時髦的代名詞

3 1號內院的馬賽克外牆好美，適合拍照

裡頭最具代表的是1號內院，它是由德國建築師恩德爾(August Endell)於1904年所裝飾的馬賽克正面外牆，色彩豐富。

包含商業大樓、集會場所、工廠與住宅等多功能的房屋，是德國境內最大的庭院建築群。

怎麼玩哈克雪庭院才聰明？

穿著輕鬆

由8個內院組成的哈克雪庭院範圍很大，建議穿上一雙**好走的鞋**。

1號內院

1號內院的**馬賽克外牆**是這裡最著名的一景，一定要來此拍照。

塗鴉區 哈克雪庭院內有一塊**塗鴉區**，喜歡畫畫的朋友可以來這裡大展身手，順便欣賞全世界高手們的作品！

Did YOU KnoW

一路走來，很多分身！

©Hackesche Höfe

哈克雪庭院其實在納粹統治時期，曾被用來作為猶太養老院，之後愈來愈多猶太人移居至此，成為猶太人社區。到了1949年的東德時期，這裡又變身為社會主義的人民公社。今日，則再成為富有藝廊氛圍的庭院群。

走進哈克雪庭院，當一日柏林文青！

thatchers

MAP P.35 E1

info

🚇搭乘U2至Eberswalder Str.站，步行約5分鐘

🏠kastanienallee 21

📞(0)30 246-277-51

🕐11:00~19:00

🚫週日

🌐www.thatchers.de

　　由兩位柏林男孩在1995年創立的thatchers，已經是個成功進入巴黎服裝市場的成熟品牌。

　　其最大特色是特殊布料的運用，因此即使是設計簡單的樣式，穿在身上會呈現出意想不到的修飾效果，這也是為什麼他們會特別受到專業女性的青睞，就是那種想穿得有點不同但又不要過於前衛的訴求。

Promobo

MAP P.36 B1

info

🏠Rosenthaler Str. 40-41, Hackescher Höfe

3/5號庭院

📞(0)30 3034-7671

🕐10:00~22:00

🚫週日

🌐www.promobo.de

　　這是哈克雪庭院裡一間頗具人氣的商店，店面面積不小，前後門橫跨了3號院和5號院。這些創意商品包括文具、生活日用品、包包、衣帽、首飾項鍊、居家擺飾等，全都各具巧妙，像是德國版的台隆手創館。不管你鍾愛的是可愛風、酷炫風、惡搞風還是品味風，在這裡都能激起你的購買慾。

Hoffnung Berlin

MAP P.36 B1

info
⌂Rosenthaler Str. 40b, Hackescher Höfe 4號庭院
☎(0)30 2886-6808
🕐 週一至週四 11:00~18:00，週五和週六10:00~19:00。
🚫週日
🌐www.hoffnung-berlin.de

這間創立於1985年的皮帶工坊於2010年正式在哈克雪庭院開設實體店面，來這裡購買皮帶是一項有趣的經驗，你可現場訂作一條專屬自己的皮帶。這裡皮帶頭的款式豐富多樣，有各種形狀和花紋，甚至還有龍、馬等霸氣造型；皮帶的材質也有許多選擇且屬上乘。

你可以挑選自己喜愛的皮帶頭，再配上適合自己的皮帶，現場訂作皮帶。

不過這樣一條皮帶並不便宜，基本款也要70歐元起跳。

師傅的工作檯

店內也有很多現成品可以挑選，款式也是具有個性、充滿創意。

這裡購買訂作的皮帶背後都會印有品牌店品和網站

用仿古機器做出的純手工古早味糖果

Bonbons Macherei
甜點

這裡的糖果都是仿照古法純手工製造的。

這裡的糖果多達40餘種，雖然外表五彩繽紛，但是原料天然的顏色，不含人工色素。

老闆為了遵循古法，還特別訂製了仿古的機器。

不同於工廠由機器量產的糖果，老闆為了以傳統的方法生產糖果，努力蒐集許多珍貴的古老手工配方。而且這裡的糖果工坊是開放式的，就在店鋪裡面，你可以一面選購糖果，一面觀看這些糖果的製作過程。

🗺P.36B1 🚶◎從哈克雪庭院步行約650公尺 ◎搭乘S1、2至Oranienburger Str.站即達。 ⌂Oranienburger Str. 32 (Heckmann Höfe) ☎(0)30 4405-5243 🕐週三至週六12:00~19:00 🚫週日至週二 🌐www.bonbonmacherei.de

柏林：哈克雪庭院

王牌景點 6

柏林：電視塔

電視塔上方有家旋轉餐廳，平均每小時轉一圈，可邊享受美食邊欣賞醉人景色。

👁🍴 MAP P.35 E2

電視塔
Fernsehturm

亞歷山大廣場(Alexanderplatz)過去是東柏林繁華熱鬧的中心，到現在仍是百貨公司、辦公大樓林立的大型商圈。位於亞歷山大廣場車站前的電視塔，總高368公尺，是昔日東柏林的地標。

走進塔中的電梯，只要40秒便能到達位於203公尺高的球體型展望台，從此可俯瞰全市美景。

ℹ️

🏠Panoramastr. 1a
📞(0)30 242-5922
🕐3~10月9:00~23:00，11~2月10:00~22:00
💲官網購票有優惠，展望台成人€24.5，4~14歲€14.5。展望台＋VR成人€29.5，兒童€19.5。
🌐tv-turm.de
❗由於塔內容納人數有限，建議事先上官網預購時段門票。

造訪電視塔理由

1 德國最高建築、歐洲第4大高塔

2 玩東柏林都是先來這裡拜碼頭的

3 周邊可以玩的延伸景點特別多

電視塔上方有柏林最高酒吧「Sphere Bar」。

©Berliner Fernsehturm

在展望台，新國會大廈、新中央車站、紅色市政廳、勝利女神紀念塔，甚至方圓80公里內的景物，皆歷歷在目。

怎麼玩
電視塔
才聰明？

寄物區 電視塔**售票亭旁邊有寄物區**，把比較不貴重的東西放在這裡，參觀時就不用大包小包提著走了。

直接登頂免排隊

©Berliner Fernsehturm

想登塔賞美景、嚐美食，可是覺得遊客太多，不想耗費時間排隊等待，改怎麼辦？不必擔心，只要在官網上預購門票，成人€28.5、優待票€18.5，即可**不必等候現場排隊**的人龍直接登頂。 tv-turm.de/restaurant-sphere/

週日不營業

這一區有不少餐廳或商店**週日不營業**，如果剛好週日來此，不如轉戰到只有週日擺攤的Mauer Park跳蚤市場。

柏林：電視塔

Did YOU KnoW

來聽聽幽默的調侃別名吧

原來東德政權是反宗教，因而強制關閉所有教堂，但偏偏每當陽光照射在電視塔某個角度時，就會反射出「十字型」的光，所以西柏林人調侃此景象為「教宗的復仇」。當時東德最高統治者是瓦爾特·烏布利希(Walter Ulbricht)，所以這個十字光也被叫作「聖瓦爾特」，諷刺他箝制人民宗教信仰的自由。

另外，因為烏布利希的的健康愈來愈不好，也有人稱此電視塔作「烏布利希最後的勃起」。

◎ **S-Bahn**：搭乘S5、7至Alexanderplatz站即達。
◎ **U-Bahn**：搭乘U2、5、8至Alexanderplatz站即達。

至少預留時間
隨意逛逛拍照
1小時
喜歡東柏林人文風情
3小時

電視塔小檔案

起建：1965年
落成：1969年
建築師：德國亨瑟爾曼
Hermann Henselmann,
高度：368.03 公尺

©visitBerlin Wolfgang Scholvien

免費門票

紅色市政廳可以免費參觀，與它僅有一街之隔的尼古拉教堂則是每月第1個週三免費，想省錢的人可以刻意**規畫造訪時間**。

Did YOU KnoW

關於電視塔的二三事

- 電視塔不僅僅是柏林的地標，同時是德國最高的建築，也是歐洲的第4高塔。
- 當年東德的當權者決定以柏林為首都時，就打算以斯圖加特電視塔為典範，建造這座面對西柏林的電視塔，向西方資本主義展現實力。
- 德國男子蒂舍爾利在2009年時，利用電腦技術，將NASA發射火箭的聲音結合柏林電視塔的影像，製作了一部《NASA偷走柏林電視塔》的玩笑影片，成為風靡一時的網紅。
- 柏林電視塔所在地亞歷山大廣場原來是一座牛市，因為俄國沙皇亞歷山大一世於1805年10月25日造訪柏林，為了紀念此盛事而取名。

©Vasumate

來看看柏林4座著名的時鐘

1. 世界時鐘：在亞歷山大廣場，顧名思義就是標示世界各時區的時鐘。特別一提的是，這裡有個傳說，只要情侶在當地時間24:00牽著手的話，就能永浴愛河！

2. 柏林時鐘：在布達佩斯街上，又稱為集合論時鐘。曾經入選金世紀世界紀錄的設計，利用亮燈區域表示秒、時、分。

3. 流動時間之鐘：在歐洲中心內，以水注量表現時、分。

4. 金字塔時鐘：在柏林的馬燦區，被認為是歐洲最大的時鐘，利用建築上的顏色光帶顯示時、分、秒。

哪裡俯瞰柏林最好？

柏林電視塔

勝利紀念柱

©visitBerlin Wolfgang Scholvien

柏林大教堂的穹頂迴廊

新國會大廈的穹頂

波茨坦廣場的高樓觀景台

©visitBerlin Wolfgang Scholvien

延伸行程 A

從歷史名勝看看東德人在做什麼!

中間的塔樓高約97公尺,是仿義大利文藝復興時期的樣式。

紅色市政廳
Rotes Rathaus
MAP P.36 C2

柏林:電視塔

如何前往
◎由柏林電視塔向南穿越廣場即可抵達,全程200公尺。
◎搭乘U5至Rotes Rathaus站即達。

info
⚲Rathausstr. 15

　　位於尼古拉廣場附近的紅色市政廳,名稱來自它紅色的外觀,而並非過去代表共產主義的紅色東德政權。

　　這座前身是教堂的建築,建於1861~1869年間,由德國建築師魏斯曼(Hermann Friedrich Waesemann)設計出這棟新文藝復興風格的雄偉建築,其以紅色熟料磚所建造的外觀,在周遭一片灰白色系的建築群中顯得格外醒目,辨識度極高。

　　目前紅色市政廳依然作為柏林市長的辦公室,同時也是柏林參議院所在,在市政廳前的廣場上,偶有黃昏跳蚤市場,賣一些當地人自己做的手工藝品或二手貨。

🔊 **柏林市內每個區都有各自的徽章**
市政廳內有個徽章廳(Wappensaal),裡頭收集擺放柏林市內各區的所有徽章。

波蘭托倫市政廳

Did YOU KnoW
也是一座模仿的經典建築

這座洋溢著義大利文藝復興風格的建築,據說是模仿了波蘭的托倫市政廳和法國的拉昂聖母院,若有機會造訪,不妨比較一下。

 MAP P.36 C2

尼古拉教堂博物館
Museum Nikolaikirche

教堂約建於1220~1230年，是柏林現存最古老的教堂。

如何前往

◎由柏林電視塔向西南穿越廣場，於Spandauer Str向左轉再走100公尺即可抵達，全程500公尺。

◎搭乘U5至Rotes Rathaus站，步行約4分鐘。

info

🏠Nikolaikirchplatz ⏰10:00~18:00

☎(0)30 2400-2162 💲成人€7

🌐www.stadtmuseum.de

與市政廳只有一街之隔的尼古拉教堂，現在作為柏林市立博物館使用。

市政廳與尼古拉教堂之間的地區則是無數窄街小巷，這個區域是柏林城的發源地，有著750年的開發歷史，在二次大戰前是柏林人文薈萃的地區，然而卻被戰爭毀了一切。80年代時，舊東德政府曾有一個要將此地區恢復成「老柏林」樣貌的大計劃，只是後來未竟全功。

教堂內線條設計潔簡、優美的穹頂。

教堂廣場的尋熊遊戲

逛完教堂，可以走到前方的小廣場，會發現一座石柱上方坐著一隻可愛的柏林熊！

尼古拉教堂的前世今生

和亞歷山大廣場上的聖母教堂，一同被列為柏林最古老教堂的尼古拉教堂，原先是一座天主堂，經過宗教改革後，才轉為基督教路德會教堂。傳聞教堂中曾經有一位主任牧師兒子，還是一位有名的納粹。

B 柏林日常，走進小市民的生活舒適圈！

竟然也有防毒面罩。

喜愛蒐奇的人，這裡也有不少收藏家的子孫，在先祖過世後將其畢生收藏拿來廉價拍賣，是個在城市中尋寶的好地方。

二手的相機，買了能用就是賺到。

各種可愛的鈕扣和針線。

MAP P.35 E1　Mauer Park 跳蚤市場

如何前往

◎由柏林電視塔旁的Alexanderplatz站搭乘U8至Bernauer Str.站下車，沿Bernauer Str.東行約600公尺即達。

info

●週日約10:00~18:00

在柏林Mitte區與Prenzlauer Berg區的交界地帶，每到週日就會聚集大批的跳蚤市場攤販，而其中規模最龐大的便是在前柏林圍牆旁的

Mauer Park空地上，大到簡直會讓人在無盡的攤位中迷失方向。

跳蚤市場裡賣的不盡然都是舊貨，也有為數眾多的批發商人在這裡擺攤，其中亦不乏本地藝術工作者，販賣著自己精心製作的作品。

喜愛蒐奇的人，這裡也有不少收藏家的子孫，在先祖過世後將其畢生收藏拿來廉價拍賣，是個在城市中尋寶的好地方。

Prater

MAP P.35 E1

如何前往
◎由柏林電視塔旁的Alexanderplatz站搭乘U2至Eberswalder Str.站下車，沿Kastanienallee南行約150公尺即達。

Info
⌂Kastanienallee 7-9　☎(0)30 448-5688
◷啤酒園12:00~24:00（視天氣許可）。餐廳整修中，預計於2024年秋季重新營業。

🌐www.prater-biergarten.de
❗不收信用卡，只收現金。

在柏林一提起啤酒園(Beer Garden)，當地人第一個想到的就是Prater。Prater開業於1837年，在當時結合了小酒館、咖啡館、民間劇院、舞廳於一身，成為德國特色酒館的代表。雖然戰後劇院被迫結束，但仍時常舉辦各種藝文活動及畫展，成為藝術家、畫家和群眾交流的場所。而在1996年戶外啤酒園開張後，Prater更是人們舉行慶祝歡宴的直接聯想。

Kauf dich Glücklich

MAP P.35 E1

如何前往
◎由柏林電視塔旁的Alexanderplatz站搭乘U2至Eberswalder Str.站下車，沿Kastanienallee南行，至Oderberger Str.右轉即達，路程約500公尺。

info
⌂Oderberger Str. 44　☎(0)30 4862-3292
◷11:00~19:00
🌐www.kaufdichgluecklich.de

Kauf dich Glücklich不只是間咖啡館，你可能吃到一半必須換個桌位，因為屁股下的沙發被人買走了，也可能突然覺得光線變暗，因為有人把燈也買走了。這裡不但有放在櫃檯上的標價商品，任何你眼睛看得見的東西，包括桌椅、壁畫、擺飾、皮包、燈具等，你都可以付錢帶回家。當然，除了店員例外。

這一家充滿年輕龐克風的咖啡館，店內別出心裁的佈置成為柏林年輕人聚會的首選場所。

店內販賣自製的冰淇淋與鬆餅，不但種類眾多，滋味也相當獨特。

店內氣氛熱絡，是和朋友聊天、殺時間的好地方。

這家於2008年慶祝開業一百週年的手工拖鞋老店，如今已傳承到家族的第四代。

來這裡還可以依自己想要的尺碼、樣式和質料訂做拖鞋。

Jünemann's Pantoffel Eck

MAP P.35 E2

如何前往
◎由柏林電視塔旁的Alexanderplatz站搭乘U2至Rosa-Luxemburg-Platz站下車，沿Torstr.東行約110公尺即達。

info
⌂Torstr. 39　☎(0)30 442-5337
◷週一至週五9:00~18:00　週六、日。
🌐www.pantoffeleck.de

Jünemann使用對足部最舒適的材質來製作拖鞋，現任老闆不但延續父祖們的手工製鞋方式，還苦心研究關於足背伸展等人體工學方面的改良，使得這裡的拖鞋不但舒適合腳，而且久穿不壞。

基本款一雙€20起的價格也十分實惠。

用餐選擇

百年傳統味飄香，
連柏林人也喊「我願意等」！

咖哩香腸
€2.1起

推薦菜

Zur Letzten Instanz

傳統德式料理

Zur Letzten Instanz是柏林最古老酒吧，開業於1621年，至今已橫跨4個世紀。原本由一位退休武士開的釀酒廠，後來逐漸發展成小酒館和餐廳，雖然建築物曾在戰後整修過，但內部傢俱和擺飾有很多仍是百年以上的古董，一踏進酒館，就彷彿回到百年前的風華時代般。由於餐廳口碑極佳，每天都門庭若市，如果沒有事先訂位，可能要等上個把鐘頭，因此強烈建議先電話預約。

Grillhaxe
烤豬腳
€28

推薦菜

🅿P.36C2 🚇由柏林電視塔旁的Alexanderplatz站搭乘U2至Klosterstr.站下車，沿Parochialstr.東行，至Waisenstr.右轉即達，路程約180公尺。 🏠Waisenstr. 14-16 ☎(0)30 242-5528 🕐午餐12:00~15:00、晚餐17:00開始。週三自17:00開始 Ⓗ週日 💲主菜 €15~€29 🌐zurletzteninstanz.com

---

Konnopke's Imbiß

傳統德式料理

德國香腸種類不勝枚舉，但柏林人的最愛還是將香腸煎過後，淋上蕃茄醬料和咖哩粉的咖哩香腸。Konnopke's Imbiß是柏林咖哩香腸的老字號，創業於1930年，其美味的祕訣就在於特製調味醬，至今這醬汁仍是家族的祕密配方。除了咖哩香腸外也有販賣其他香腸的餐點，搭配麵包和薯條就可當作一餐解決。不論你在任何時間光顧，都可看到排隊等候的人龍，其中還有不少是本地人。

🅿P.35E1 🚇由柏林電視塔旁的Alexanderplatz站搭乘U2至Eberswalder Str.站，向南走50公尺即達。 🏠Schönhauser Allee 44B ☎(0)30 442-7765 🕐週二至週五11:00~18:00，週六12:00~19:00 Ⓗ週日、週一 💲€2~6 🌐www.konnopke-imbiss.de/de

可以原諒但不能遺忘，
承載猶太人苦難的博物館！

王牌景點 ❼

造訪猶太人博物館理由

① 來到德國豈能不了解的歷史過往

② 建築本身就是精采的藝術品

③ 類「實境秀」的模擬參觀體驗

柏林：猶太人博物館

 MAP P.35 D3 **猶太人博物館**
Jüdisches Museum

　　猶太人博物館以記錄德國猶太人的歷史文物和事件為主，建築師李伯斯金(Daniel Libeskind)設計的建築本身就是藝術品，參觀路線打破一般水平行進的傳統，而是刻意透過空間的安排讓遊客有相同感受；動線最後通往一個密閉的長廊，其地上鋪置許多鐵臉面具，有哭臉也有笑臉，當你行走其上，便發出叮叮噹噹的聲響，從長廊頂點透進來的微光，予人嘆息又無奈的悲涼感受。

◎U-Bahn：搭乘U6至Kochstr.站下車，沿Friedrichstr.南行，在E.T.A-Hoffmann-Promenade左轉，直走到底即達，路程約750公尺。
◎公車：搭M29公車在Lindenstraße/Ecke Oranienstraße站下車，或搭M41在Zossener Brücke站下車即達。

 勇敢面對歷史過錯的德國人
德國人並不打算以掩蓋的方式，埋藏造就的歷史傷痛，甚至還有法令規定，不得否認對猶太人的屠殺。

至少預留時間
隨意逛逛拍照
1小時
仔細參觀
2~3小時

🏠Lindenstr. 9-14
📞(0)30 2599-3300
🕐每日10:00~18:00 (17:00後停止入場)
💶成人€10、優待票€4，18歲以下免費。
🌐www.jmberlin.de

猶太人博物館以記錄德國猶太人2,000年來的歷史文物和事件為主，但它並非是透過文物展出這種傳統方式表現，而是利用空間來傳達意念。

參觀時，放空可像想「買境秀」一般，透過空間設計便能感受各段充滿悲情和艱困的歷史感。

怎麼玩猶太人博物館才聰明？

特殊出入口

特別注意，猶太博物館除了有狹窄的通道外，出入口建築前身是柏林城市歷史博物館，象徵著猶太人和**德國的歷史**，不能分割。

↓

跟著動線走

雖然這個博物館看似有點兒沈重，但其實它本身的空間設計是充滿藝術性與創意的，自然**順著動線走**，就能感受建築師的巧妙心意，也能領會這段充滿悲情和挑戰的**歷史**。

↓

延伸小吃　除了書中介紹的Curry 36，和它在同一條街上的 **Mustafa's Gemüse Kebap**，以**沙威瑪**同樣受到柏林人的歡迎，也可以試試。

柏林：猶太人博物館

Did YOU KnoW

行納粹禮是非常不適當的行法，甚至是犯法的！

想必大家都對納粹的招牌行軍禮有印象，這個動作的由來可以回溯到古羅馬，從此在日耳曼民族中流傳，希特勒將這個動作定為納粹的軍禮，強化他在帝國的權威形象。二戰後西方社會對納粹德國進行了徹底的反省，這個動作和納粹的卍字符號被視為納粹的邪惡象徵，因此做出這個動作是非常不適當的，在德國和幾個被納粹征服的國家，甚至立法禁止這個動作。

館內特色

另類實境秀：
奇妙的時空設計、具巧思的行進路線

金屬銀灰色外觀

這棟建築最令人印象深刻的，就是以金屬皮包裹的銀灰色外觀，長而曲折的形體有如一道閃電，而那許多細長且不規則的開口，既是博物館的窗戶，也像是被劃破的傷口。

具有象徵意涵的出入口

博物館出入口的建築物，前身是柏林城市歷史博物館所在處，象徵著猶太人和德國人的曲折歷史是無法分離的。

打破水平行進路線

參觀路線打破一般水平行進的傳統。依照李伯斯金的設定，向前直行就是現實命運線，也就是一座狹長陡直的主樓梯，經過一段漫長的爬升後，終點是一面隱喻省思的白牆，左邊的開口進入博物館的展覽空間。

具壓迫感黑色塔體

和現實命運線交叉的粗線，是代表被屠殺猶太人的命運線，通往獨立於博物館主體外的大屠殺塔。推開厚重的門進入這座高達24公尺的黑色塔體內，沒有任何照明及暖氣設備，只有一面小三角窗，如果走向透進來的微弱光線，會感到兩側牆面不斷壓迫，最後到達死角，這是模擬猶太人被囚禁時的情境。

刻意傾斜土柱

爬上樓梯前，右邊有一座露天花園，代表流放猶太人的命運線。建築師用49根混凝土柱填滿花園，由於柱子刻意傾斜，因此走在這裡時會有暈眩的感覺，而這正是李伯斯金想傳達的流放意念。

暫別沈重歷史，來逛創意商店和人氣小吃！

 Paul Knopf

MAP P.35 D3

如何前往

◎從猶太博物館出發沿Lindenstraße向南步行約800公尺即可抵達

◎搭乘U7至Gneisenaustraße站，沿Zossener Str.北行約100公尺即達。

info

⊙Zossener Str. 10

☎(0)30 692-1212 ◷週二、週五14:00~18:00

🌐www.paulknopf.de

　　這家鈕扣專賣店門面乍看之下沒什麼特別之處，但若入內欣賞排列在牆上、桌上、盒子裡的鈕扣，會有一種如獲至寶的感覺。各種鈕扣分門別類、有大有小，和不同材質和顏色，你可以買幾個字母，在外套上排出自己的名字，省得在衣帽間被人拿錯。

各種獨特造型像是小熊、大象、鱷魚等動物，可一次買個幾顆，在大衣上開間動物園。

帶回賓士、福斯、福特這些汽車品牌造型的鈕扣，也可在衣服上辦個車展了。

這裡賣的只是衣服上的小配件，卻讓人們在裝扮時擁有無限樂趣。

香腸薯條套餐€6.7起

推薦菜

 **Curry 36**

MAP P.35 D3

如何前往

◎從猶太人博物館搭U6至Mehringdamm站，出站後沿著Mehringdamm向南走500公尺即可抵達。

◎搭乘U6、7至Mehringdamm站，沿Mehringdamm南行約50公尺即達。

info

⊙Mehringdamm 36

☎(0)30 258-008-8336

◷每日9:00~凌晨5:00

💲各式香腸€2.7起

🌐curry36.de

　　這間開自1980年的小店，門外總排著一長串人龍，還好店員供餐極快，吃的人也不久留，用不著排上多久便能嚐到這在柏林威震八方的咖哩香腸。這裡的醬汁是商業機密，口味比起Konnopke略甜，香腸煎得夠脆，咖哩粉則很夠味，配上薯條或麵包剛剛好。除了經典款香腸，這裡也有販賣傳統的古早味，也就是沒有腸皮的香腸。其他香腸種類也很多，反正價錢不貴，好奇的話可多點幾種。

世界最長畫布，
一起為重大歷史事件做見證！

王牌景點 8

柏林：柏林圍牆與東站畫廊

MAP
P.35
F2

柏林圍牆與東站畫廊
Berliner Mauer & East Side Gallery

最初柏林只是被劃為東西兩區，隨著美蘇冷戰關係的日益緊張，蘇聯為了宣示東西德的絕對分離，並阻止東柏林居民逃往西柏林，於是在1961年8月13日從布蘭登堡門前築起一道長達160多公里、高約4公尺的圍牆。圍牆建起後，只有西柏林人可以透過申請的方式進入東柏林探視親人。直到1989年11月9日，東德局勢丕變，上千名東柏林人在午夜時分衝破防守線，推倒了柏林圍牆，這歷史的一刻終於將分隔28年的柏林再度合而為一。

大家印象中塗鴉滿滿的柏林圍牆，曾在西德號稱世界最長的畫布，時至今日大都只能看見表面被敲落的痕跡，若要瞻仰完整牆面，可到Ostbahnhof車站外的東站畫廊，但那是在界線突破後由來自世界各地的藝術家畫上去的。

©visitBerlin Hans Peter Stiebing

柏林圍牆的倒塌為東西德統一鋪設了和平之路，也讓兩德於1990年10月3日終於統一。

柏林：柏林圍牆與東站畫廊

造訪柏林圍牆與東站畫廊理由

1 近代歷史大事件爆發現場，來這裡感受時代氛圍。

2 柏林意義深遠的地標，一定要親手摸到那面牆。

3 來自世界各地藝術家在此創作，被喻為世界最長畫布。

怎麼玩
柏林圍牆與東站畫廊
才聰明？

東站畫廊

柏林圍牆原址殘存不多，一般人都會再轉戰東站畫廊，至於這個一眼望不盡的畫廊到底多長？答案是1.3公里，其實要從頭走到尾並不困難，就看自己是否有興趣全程走完。

圍牆磚塊

柏林牆面在倒塌後被敲落，一磚一瓦成了暢銷紀念品，至於是否為原殘存物或加工品，就不得而知了。

S-Bahn：搭乘S5、7至Ostbahnhof 站下車，從車站南側出站，往施普雷河方向走即達。

至少預留時間
只想摸到牆拍個照
0.5小時
想成為柏林圍牆專家
3小時

壁畫最初繪於1990年，內容多為對自由嚮往、和平期待與文化包容。到了2009年柏林圍牆倒塌20週年時，當局又邀請同一批藝術家對原有壁畫進行修補或重新詮釋。

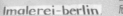

圍牆上的塗鴉大多是在諷刺政治，仔細欣賞可以得到很多樂趣。

Did YOU KnoW

有名的同性之吻

在柏林圍牆上有幅著名的《兄弟之吻》，描繪1979年蘇聯的總書記勃列日涅夫在來到東德參加民主德國建國30週年的慶典上，與東德領導人昂納克的接吻景象。

靠圍牆磚塊也能發財

象徵德國人分離又聚首的柏林圍牆雖然已倒塌了，但見證歷史的價值，就成為在地人賺錢的商品，據說這些圍牆磚塊可是當地暢銷紀念品之一，特別是每年11月9日圍牆倒塌紀念日前後。不過聽說多數人買到的都是圍牆磚塊的加工品，畢竟建材數量也是有限嘛！

 空無一人的鬼站

於東西柏林被柏林圍牆所分隔兩邊時，原本是同一條的地鐵，東德政府為了完全阻止東德人從任何一個途徑逃離東德，將柏林圍牆到腓特烈大街之間的地鐵站，全部關閉。東德政府不僅派兵駐守車站，更是拆除了車站在地面上的標誌，讓在東西柏林交界的地鐵站長期空無一人，成為連陽光都無法進入的封閉「鬼站」(Geisterbahnhöfe)，當中以Friedrichstraße、Nordbahnhof兩個地鐵站是最為有名，一直到1990年後這些鬼站才重見天日，至今地鐵車站內部都還保留著1961年的內部裝修，活生生地保留並見證了這段東西柏林的歷史時空。

重返《竊聽風暴》！
直搗東德祕密警察的
邪惡巢穴

造訪史塔西博物館理由

1 曾經的特務機構大本營，充滿神秘色彩。

2 了解東德白色恐怖的真相

3 現場溫習奧斯卡最佳外語片《竊聽風暴》

柏林：史塔西博物館

⌂ Normannenstraße 20, Haus 1
☎ (0)30 553-6854
🕐 10:00~18:00（週六、週日及假日11:00起）
💲 成人€10、優待票€5~7.5，11歲以下免費
🌐 www.stasimuseum.de

史塔西博物館
Stasi Museum

MAP P.35 F2

如果看過2007年奧斯卡最佳外語片《竊聽風暴》的人，應對前東德特務史塔西的祕密手段感到不寒而慄。

這座博物館是從前東德特務機構史塔西的大本營；裡頭各種過去躲藏在陰暗角落的情報器材，現在都攤在日光燈下向人展示，例如偽裝成鈕扣藏在大衣裡的袖珍照相機，或連接著一台錄音機的原子筆，甚至連路旁一棵不起眼的樹木都可能隱藏著一具竊像設備。3樓的指揮總部則有特務頭子Erich Mielke和他手下們的辦公室，以及惡名昭彰的決策會議室。

U-Bahn：搭乘U5至Magdalenenstr.站下車，順指標前往即達。

至少預留時間
自行參觀
1~1.5小時
參加導覽
1.5~2小時

電影《竊聽風暴》中出現過的同款偵防車，展示在1樓的大廳裡。

4樓走廊的盡頭，還有一間令人毛骨悚然的囚房。

檢查哨玻璃上有著怵目驚心的「自由」字樣，像是在控訴著統治者的無情。

把握英文導覽

每週一、週三、週五、週六15:00有**英語導覽行程**，每人€5。也可租借**英文語音導覽機**，每台€2。

多拍幾張照片

難得來到前東德祕密警察的特務機構，一定要**多拍幾張**才划算。

先看電影

看過這部描述史塔西祕密手段的奧斯卡得獎片《竊聽風暴》，再來參觀會更有感覺。

柏林：史塔西博物館

史塔西有多壞——先來看《竊聽風暴》

來東德旅遊，尤其是來參觀史塔西博物館，如果有看過《竊聽風暴》會有很深刻的體會！這部電影上映後好評不斷，奪下了79屆奧斯卡最佳外語片。故事描述的是一對情侶遭到史塔西的探員監控，探員卻漸漸對監控對象產生了同情並冒著風險暗中幫助他們。電影重現了恐怖統治下的緊張氛圍，寫實的還原史塔西這個機構的種種惡行，是了解這段歷史的好教材！

Did YOU KnoW

凡事得小心翼翼的東德人

從前生活在東德，起言坐行可都要很小心。根據紀念館的資料顯示，當時的監控探員數約莫10萬人，且還有將近17萬的隱身民間的線民，而被紀錄監控的人則有600萬之多。

想知道抓耙子是誰，就來吧！

在柏林圍牆倒下後，史塔西特務還來不及銷毀的的檔案文件，據說排列起來有111公里長。德國政府成立了史塔西檔案局，製作出4,000萬張的索引卡片，讓當年的受害者，可以來此查閱實情，當然，是誰去告的密，也就曝光了！

曾經神祕,現在看光光!

① 各式竊聽設備:
如同電影《竊聽風暴》中描述的,東德無孔不入的竊聽,日常生活中各種常見的物品都有可能是竊聽器,人民完全沒有隱私。

③ 偵防車:
平常會偽裝成快遞車,傳送機密文件到各地,必要時也充當囚車秘密運送犯人到黑暗基地。

② 史塔西局長的辦公室:
情報頭子梅爾克的辦公室在那個時代是非常神祕的,他只用自己的精挑細選的親信,辦公室的門上還貼著兩層的隔音膠條。如今遊客可以自由走入這個罪惡深重的地方。

④ 監禁囚犯的牢房:
被關到這裡相當於永久性地失去自由,即使靠著出賣別人而獲得釋放,離開這裡後生活將會受到牢牢的監控。

⑤ 公開解密的文件、檔案:
在恐怖統治下,東德政府許多藐視人權的命令和行動如今被攤開在陽光之下,警惕著我們。

柏林:史塔西博物館

柏林這座朝氣蓬勃、熙來攘往的大都會，其實也有著不為人知的一面，竟然存在著錯綜複雜的地下世界。

MAP
P.35
D1

柏林地下世界之旅
Berliner Unterwelten E.V.

🏠Brunnenstr. 105
☎(0)30 4991-0517
📧僅在官網售票，各行程出發的日期及時段請上官網查詢及預訂。
💲TourM成人€19、優待票€15，其他行程成人€16。
🌐www.berliner-unterwelten.de

　　在柏林這光鮮亮麗的城市底下，其實存在著錯綜複雜的地下世界。柏林地下世界提供數種導覽行程：Tour 1帶領遊客一探二次大戰時的防空洞；Tour 2的主題是「從高炮塔到瓦礫堆」，可在一座防空堡壘的廢墟中挖掘出一塊塊被土石埋藏的第三帝國歷史；Tour 3是「碉堡、地鐵和冷戰」，見識西柏林如何為面對核子戰爭做準備；Tour D「德勒斯登大道隧道和地堡」介紹舊日地底挖掘的通道和被改造的防空洞；Tour F揭露昔日供應煤氣的建築，後來也被當成防空洞的歷史；Tour M「柏林圍牆下」展現東德人民為了逃到西德而挖出來的地道。這些旅途都將帶給你不一樣的柏林體驗，既恍如夢境，卻又無比真實。

造訪柏林地下世界之旅理由

① 地下迷宮四個字就夠吸引人了

② 親身體驗待在防空洞的感覺,了解戰爭的殘酷。

③ 導遊會說很多跟地道有關的故事,既有趣又長知識。

提早上網買票 僅在官網售票,請盡早上網預訂日期及時段以免滿團。

防寒衣物 不宜穿著涼鞋或拖鞋,且部分行程因為內部溫度低,最好**自備防寒衣物**,請詳見官網注意事項。

準備口罩 地下通道通風再好,空氣品質還是不如在地面空間,介意的人記得**準備口罩**。

暖心服務 怕有人參觀完世界之旅的行程後心情會有點兒悶悶的,因此在導覽最後,會多加入生活化的趣味性討論主題,藉以**平衡遊客心情**,是一項頗暖心的知性服務。

©Berlin Underworlds Association

©Berlin Underworlds Association

◎ S-Bahn:搭乘
S1、2、41、42至
Gesundbrunnen站
◎U-Bahn:搭乘U8至
Gesundbrunnen站

至少預留時間
只參加一個行程
1.5~2小時
想參加一個以上的行程
3小時以上

 參加Tour 2、Tour D需年滿18歲,其他行程需年滿7歲。內部溫度相當低,需自備防寒衣物,且不得穿著涼鞋。

如星光般閃耀的一級商圈，
買到失心瘋也是正常的！

©visitBerlin-Scholz

柏林：波茨坦廣場

👁 MAP
P.35
D2

波茨坦廣場
Potsdamer Platz

波茨坦廣場的原址是柏林的其中一個城門，因為此門通往波茨坦而得名。這裡幾個世紀以來的繁榮、熱鬧在經過二戰和冷戰連續的摧殘後消失殆盡，取而代之的是一片荒蕪。所幸東西德統一後廣場又迅速恢復了生機，新建案一個接著一個，如今的波茨坦廣場已經是柏林最繁榮的商圈了！

這兒的商店、咖啡館與餐廳總共超過120家，此外還有20廳的電影院。先不論裡面的設施與商場，光是嶄新先進的建築物，就值得花個一上午好好巡禮一番。

◎S-Bahn：搭乘S1、2至Potsdamer Platz站下車即達。
◎U-Bahn：搭乘U2至Potsdamer Platz站下車即達。

至少預留時間
只想隨意逛逛
1小時
購物模式開啟
3~5小時

ℹ

🕸 www.potsdamerplatz.de

造訪波茨坦廣場理由

1 柏林的曼哈頓，最繁榮的商業中心。

2 逛不完的購物中心，讓人買到失心瘋。

3 柏林影展舉辦場地，有機會看到眾星雲集！

像這樣的大型購物中心，波茨坦廣場上有好幾間。

怎麼玩波茨坦廣場才聰明？

約會好地點 新力中心中庭廣場的**水池旁**，一到晚上燈光好氣氛佳，特別受到歡迎，是**約會好地點**。

賞景好據點 從波茨坦廣場向東經過艾柏特大街即可抵達的**萊比錫廣場**，是欣賞德國鐵路總部大樓和戴姆勒大樓的好地點。

柏林影展

每年的2月在波茨坦廣場舉辦**柏林國際影展**，是歐洲三大影展之一，喜歡電影的人一定要去影視博物館朝聖。

週日不營業

有些商店或餐廳逢**週日不營業**，請留意造訪時間。

與法國坎城、義大利威尼並列全球三大影展之一的柏林影展，自2000年起就在波茨坦音樂劇院舉辦。

©visitBerlin KARSTEN THIELKER

新力中心壯觀的蓬式頂蓋，象徵著日本的富士山，在夜晚的燈光下，更加迷人。

冬天的波茨坦廣場也很歡樂！

波茨坦廣場在每年冬天也化身為冬季樂園，舉行冬季世界(Winter World)溜冰盛會，吸引各地喜愛冰上運動的朋友，搭上耶誕市集，更烘托出歡慶的氛圍。

逛不完的購物中心、看不完的時髦建築!

新力中心Sony Center

波茨坦廣場的範圍其實很大,但通常大家最矚目的焦點都集中在新力中心(Sony Center)上。這個由日本人投資開發的商場,中庭設計成漸漸高昇並有燈光變化的熱氣球,從外面看起來就好像富士山一樣,而介紹展示德國電影與電視發展歷史的影視博物館,就是位於這裡。

新力中心外面那棟亮燈的大樓就是它了

影視博物館

1963年德國著名電影人蘭普萊希特(Gerhard Lamprecht)將自己所有電影相關的資源捐給柏林市,1971年成立德國電影檔案基金會,以知識的保存和傳遞為宗旨,1977年開始承接與指導柏林影展的電影回顧工作,直到2000年才建立常設展場。

德國鐵路總部大樓

緊鄰新力中心旁有座造型突出的弧型高樓,那是從法蘭克福遷來的德國國鐵新總部。

戴姆勒大樓Daimler

戴姆勒大樓的藍圖則是由設計出巴黎龐畢度中心、日本大阪關西國際機場的建築大師皮亞諾(Renzo Piano)來操刀,也是廣場上的著名建築。

波茨坦廣場The Playce商場

可經由地下道相連的The Playce商場,是波茨坦廣場另一個大受歡迎的購物區,這裡有流行取向的服裝飾品與化妝品,也有時尚感十足的咖啡館與餐廳。

延伸行程
手工訂製帽，
好萊塢明星也愛的不得了！

MAP P.34 C3

Fiona Bennett

如何前往
◎由新力中心出發，順著Potsdamer Straße向南步行10分鐘即可抵達。
◎搭乘U1至Kurfürstenstraße站下車，沿Potsdamer Str北行約3分鐘即達。

info
🏠 Potsdamer Str. 81-83
☎ (0)30 2809-6330
🕐 12:00~18:00 休週日、一
🌐 fionabennett.de
❗ 造訪前需先致電預約

你想過把高跟鞋戴在頭上是什麼模樣嗎？在Fiona Bennett，各種令人意想不到的手工帽子宛如一場華麗的宴會般，一一娉婷呈現眼前。這些帽子的設計師Fiona Bennett來頭可不小，她曾為Brad Pitt、Katie Holmes等好萊塢明星設計過帽子，在時尚界享有崇高的聲望。但想當然爾，價格也不便宜。

對Fiona Bennett來說，臉是人們靈魂的表現，因此帽子便是人身上最重要的配件。

這裡的帽子以女帽居多，造型則偏向宴會用的誇張式樣，同時也提供專門訂做服務。

這家的帽子連明星也愛

🔊 **造訪前需先致電預約**

©visitBerlin KARSTEN THIELKER

Did YOU KnoW
電影迷一定要知道的二三事

① 原來柏林就是一座電影場地，在此拍攝的電影包括：
- 007系列《八爪女》
- 《蘿拉快跑》　　　　　·《再見列寧》
- 《帝國的毀滅》　　　　·《竊聽風暴》
- 神鬼認證系列《神鬼疑雲》
- 《行動代號：華爾奇麗雅》

② 華語電影在柏林影展大放異彩的代表
- 1988年張藝謀《紅高粱》
- 1993年李安《囍宴》，另有一部英語片1996年《理性與感性》
- 2007年王全安《圖雅的婚事》
- 2014年刁亦男《白日焰火》
- 2017年黃惠偵同志紀錄片《日常對話》

③ 最古老的攝影棚竟然在這裡！？
電影迷們可別以為大型攝影棚最早出現在電影產業發達的美國！世界最古老的攝影棚是位在波茨坦大廣場上的巴貝斯伯格攝影棚，建於1912年，佔地達25,000平方公尺。

④ 不讓好萊塢獨出風頭，這裡也有星光大道
就在波茨坦大街上，2010年也建起了一條長320公尺的星光大道，第一位紀念的明星是戴德麗(Marlene Dietrich)。

柏林：波茨坦廣場

人氣餐廳一級戰區，老店與新秀都拚了！

Lindenbräu

德式啤酒餐廳

這是間典型的德國巴伐利亞式啤酒屋，3層樓的建築裡兩座大大的啤酒筒非常吸睛，室內外數百個座位，但平常日的晚餐竟然座無虛席。頂樓雖然名為「戶外」，但因為有新力中心的頂篷，完全不怕風吹雨打，又可俯瞰人來人往和各項表演。Lindenbräu食物選擇眾多，無論是烤豬腳、水煮豬腳、牛排、漢堡、香腸、眾多口味的烤餅等，都相當美味。

📍P.36A3 🚇位於新力中心中庭的西北角，搭乘S1、2或U2至Potsdamer Platz站下車，越過新力中心的中庭即達。 🏠Bellevuestraße 3-5 ☎(0)30 200-068-550 🕐每日11:30~凌晨1:00 💲各式主菜€17~28 🌐www.bier-genuss.berlin

水煮豬腳
€20.7
推薦菜

Facil

創意法式料理

在視覺或是味覺上，Facil的料理都充滿驚喜。

📍P.36A3 🚇搭乘S1、2或U2至Potsdamer Platz站下車，沿Potsdamer Str.西行即達。 🏠Potsdamer Str. 3 ☎(0)30 590-051-234 🕐週一至週五午餐12:00~14:00、晚餐19:00~22:00 🚫週六、日。每年寒、暑假會各休業2~3週，詳見網站公布。 💲午間特餐(2道菜)€67，午餐及晚餐套餐(5道菜)€235 🌐www.facil.de

米其林2星的Facil餐廳，是柏林頂級美味的高級餐廳。在前菜上來前，以小麥雜糧製作的各種小麵包，配上肉醬、羅勒醬及奶油等，讓人食慾大開。Facil提供的精緻料理，是以法式為基礎，再加入主廚的現代觀點；像是以核乾及高麗菜絲搭配的鱸魚，竟是以薰衣草香作為調味奶泡。不論是

和柏林一起深呼吸，
進行一場大都會中的
幸福小旅行～

造訪蒂爾公園理由

1 柏林的中央公園

2 在勝利女神紀念塔上可眺望整個城市，風景佳。

3 周邊可以延伸的景點多，亦可當成行程的緩衝站。

公園中羣隆濃綠，湖光幽靜，號稱是柏林的綠色心臟。

柏林：蒂爾公園

MAP
P.34
C2

蒂爾公園
Tiergarten

蒂爾公園(Tiergarten)德文含義為「動物園」，作為狩獵場的歷史最早可追溯至16世紀，1530年時公園開始朝西北擴張，面積超越現今的蒂爾公園，因野生動物被放養在此，公園被圍起只許特定皇室貴族出入。17、18世紀時逐步對外開放，公園的圍欄於1742年時全數拆除，正式對廣大的柏林民眾開放。 19世紀時被設計成今日的公園模樣。位置絕佳，緊鄰柏林許多重要景點和施普雷河；當天氣夠冷時，蒂爾公園裡的小湖會結冰，可作為天然露天溜冰場。

◎S-Bahn：搭乘S1、2至Brandenburger Tor站，穿過布蘭登堡門即達公園東側；搭乘S5、7至Tiergarten站，即達公園西側。
◎U-Bahn：搭乘U5至Brandenburger Tor站，穿過布蘭登堡門即達公園東側。

至少預留時間
隨意逛逛拍照
1小時
攻下公園和周邊景點
3小時

⌖ Straße des 17. Juni 1

蒂爾公園的綠蔭之中，最醒目的便是聳立於大道交會處的勝利女神紀念塔。

距公園約10分鐘車程的漢堡車站美術館，有許多精采的後現代藝術作品。

怎麼玩
蒂爾公園
才聰明？

具彈性的景點

蒂爾公園附近有不少知名景點，從這裡出發**可攻可守**，亦能為一日行程的**緩衝站**。

登塔賞美景

好天氣時，**強烈建議到勝利女神紀念塔上賞美景**，雖然要爬近300級階梯，但可將如布蘭登堡門的一級景點盡收眼底，值得！

必看景點

日耳曼民族的驕傲，近代德國崛起的標誌

👁 MAP P.34 C2

勝利女神紀念塔
Siegessäule

如何前往
位於蒂爾公園中央，Altonaer Str.、Hofjägerallee、Spreeweg和6月17日大街的交會處。

info
🚇Großer Stern　⏰4~10月9:30~18:30(週六、日至19:00)；11~3月10:00~17:00(週六、日至17:30)，開放時間隨季節與天氣調整。　💶成人€4、優待票€3

　　手持鐵十字長矛的勝利女神，是為了榮耀德國統一之前一連串對外戰爭的勝利，雖然窮兵黷武的立國精神不值得人們歌頌，但勝利女神的藝術價值依然永恆。

在高67公尺的塔頂處設有瞭望台，能窮目美景，就算要爬上285級樓梯也在所不辭。

©Wolfgang Scholvien,visitberlin

車站改裝的美術館，後現代的奇幻之旅

由普普藝術大師安迪·沃荷所繪的巨幅毛澤東版畫。

MAP P.35 D2

漢堡車站美術館
Hamburger Bahnhof

如何前往

搭乘S3、S5、S7、S9或U5至Hauptbahnhof站下車，從車站北門出站，沿Invalidenstr.東行約350公尺即達。

info

🏠Invalidenstr. 50-51　☎(0)30 266-424-242

🕐10:00~18:00 (週四至20:00)

🚫週一　💲成人€14、優待票€7。

🔗www.smb.museum

　　與巴黎奧賽美術館一樣，漢堡美術館也是以車站建築改裝而成，其以當代藝術為主，中央大廳、東西兩翼及月台長廊，定期輪換展出作品，內容有可能是繪畫、雕塑、攝影、平面藝術、影片或其他多媒體素材。大展廳的東側，則是美術館永久館藏，展出安迪·沃荷、CY·托姆布雷、基佛(Anselm Kiefe)等人作品。

很多藝術品是利用空間與燈光效果的結合，表達生存在現實中的人際分我與情感現實，每件都具哲思。

原本的車站大廳變成了展場，寬敞的空間參觀起來非常舒服。

柏林：蒂爾公園

MAP P.34 C2

Konditorei & Café G. Buchwald

如何前往

◎由公園中央的勝利女神紀念柱沿Spreeweg向東北走，走到底左轉再走約700公尺即可抵達。

◎搭乘S5、7至Bellevue站下車，沿Bartningallee北行約120公尺即達。

info

🏠Bartningallee 29　☎(0)30 391-5931

🕐11:00~18:00

🔗www.konditorei-buchwald.de

這家店好吃的程度，甚至連日本皇室都常越洋訂購！

　　這家創立於1852年的年輪蛋糕(Baumkuchen)店，19世紀末搬到柏林後，得到普魯士王室的喜愛，因而名聲遠播。

　　二次大戰結束後，許多因躲避戰火而移居國外的人，對於Buchwald的年輪蛋糕念念不忘，因此來自海外的訂單不斷湧入這家店，使其發展成一家顧客遍佈世界各地的公司。

招牌便是年輪蛋糕

除了年輪蛋糕，這裡也供應其他各式各樣的甜點。

除了可外帶，這裡也設有餐廳，能讓你好好坐在裡頭享用可口甜點。

B 追求卓越、領導當代工藝建築潮流的學院

柏林：蒂爾公園

包浩斯文獻館
Bauhaus-Archiv

MAP
P.34
C3

如何前往

◎本館：搭乘U1-U4至Nollendorfplatz站下車，沿Einemstr.北行，右轉Lützowplatz，過河即達，路程約800公尺。

◎臨時展館：搭乘245、M45、X9、N2號公車或U2至Ernst-Reuter-Platz站，走約110公尺即達。

info

🏛Klingelhöferstr. 14，臨時展館Knesebeckstraße 1

📞(0)30 254-0020，臨時展館(0)30 3064-1768

🌐www.bauhaus.de

🕐10:00~18:00

🚫週日及公眾假日

💲臨時展館免費參觀

❗目前本館整修中，展覽移至臨時展館展出。

影響德國現代建築、甚至世界設計潮流的

包浩斯其實是類似集體創作的工坊，老師和學生們在這裡用不同材料，產生許多日後成為設計史上典範的作品。

幾件重要的代表性作品，目前就展示在包浩斯文獻館中。

包浩斯圖書室館藏許多重要的文獻。

包浩斯，其實是所學校的名字。1919年，建築師葛洛普斯(Walter Gropius)在威瑪成立了這所建築學院，懷抱「對材料忠實」的理念，重視目的性和功能性。而包浩斯學院所設計出的許多作品，不管是在建築方面，還是工藝、音樂、表演等領域，也都受到包浩斯的啟發。

公園揚名中國，被著名作家寫在文章內

中國現代散文作家朱自清，就曾在《歐遊雜記》中的「柏林」提到蒂爾公園，稱它為「蒂爾園」。

Did YOU KnoW

當德國人對你叫「蒂爾」，可別誤會是叫你「親愛的」

蒂爾公園的原意是「動物園」，雖然和英文的「Dear」發音有點兒像，但是如果聽到德國人這樣稱呼，其實是嘲笑人為「禽獸」。

蚌殼屋
Shellhaus
MAP P.34 C3

白色波浪的曲線在天空中延伸，令人印象深刻。

如何前往
◎從Hofjägerallee上的公園出口向南走，於Reichpietschufer左轉再走800公尺即可抵達。
◎搭乘U2至Mendelssohn-Bartholdy-Park站，出站後沿河岸西行約850公尺即達，就在與Hitzigallee的路口。

info
⌖Reichpietschufer 60

　　這棟建於30年代的蚌殼屋，其實只是普通的商業大樓，卻因為它狀似蚌殼起伏的外觀而成為柏林建築地標之一，標準的現代主義風格，頗有向大師高第(Antoni Gaudí i Cornet)的米拉之屋致敬的味道。從Stauffenbergstrasse路上觀察蚌殼屋，平板的立面和一般大樓並無不同，但是當你一轉到它的正面，立面線條頓時便活絡起來。

Winterfeldtmarkt是柏林最美麗的露天市集之一。

從熟食攤位中飄散出來的香氣，令人感到飢腸轆轆。

柏林：蒂爾公園

Winterfeldtmarkt
MAP P.34 C3

新鮮又便宜的蔬果，讓人吃得健康又省錢。

中午在這裡買個麵包，便能飽餐一頓，這也是背包客常見的旅行方式。

如何前往
搭乘U1-U4至Nollendorfplatz站下車，沿Maaβenstr.南行約250公尺，至Winterfeldtstr.即達。

info
⌖Winterfeldtstraße, 10777 Berlin
▽週三8:00~14:00、週六8:00~16:00。

　　每到週三和週六早晨，這裡總會聚滿熱情吆喝的攤販，兜售當季的新鮮蔬果與肉類製品。附近還有許多小吃店和咖啡廳，提供了很多的用餐選擇。

對戰爭的省思，
浴火重生後更加讓人另眼相看！

王牌景點 13

柏林：威廉一世紀念教堂

威廉一世紀念教堂
Kaiser-Wilhelm-Gedächtniskirche

MAP
P.34
C3

這座廢墟般的教堂過去是西柏林的精神地標，用以警示世人戰爭的無情與殘酷。它建於19世紀末，年代其實並不久遠，只是落成還不到50年就在1943年的大轟炸中毀壞。戰後打算籌建新教堂時，本來要將舊教堂完全拆除，但由於柏林市民強力抗爭，最後才得以以被轟炸過的殘破樣貌，屹立在原地。

ℹ️ Breitscheidplatz
🕙 教堂每日10:00～18:00。紀念廳10:00~18:00（週日12:00起）
💲 免費
🌐 www.gedaechtniskirche-berlin.de

🕐 至少預留時間
隨意拍照逛逛
1小時
周邊購物加用餐
3~5小時

🎵 U-Bahn：搭乘U1、9至Kurfürstendamm站即達。

造訪威廉一世紀念教堂理由

1 昔日西柏林精神地標，如今風采依舊。

2 經典的戰後現代風格紀念建築

3 新舊教堂並存，過去與現代並融的特殊景致

這座教堂是為了紀念威廉一世而蓋的

怎麼玩 威廉一世紀念教堂 才聰明？

拍合體照

©visitBerlin Wolfgang Scholvien

今日的威廉一世紀念教堂同時保有新舊兩棟教堂主體，記得從 Kurfürstendamm 站出來還有點兒距離時，就先拍兩者的**合體照**。

門牌號碼

選帝侯大道的門牌編號很特別，不是傳統的單雙編號，而是從一邊開始**連續編號到底**，再從另一邊的盡頭往回繼續編號，所以在找店家或找路的時候要注意！

教堂內優美的祭壇

新教堂的外觀由超過3萬塊玻璃窗組成

緊鄰的現代高樓是戰後新建的教堂建築，新教堂的興建計畫也以融入舊教堂為考量，因此成就了這處歷史遺跡與現代大樓並陳的特殊景觀。

德意志帝國的奠基者威廉一世

威廉一世年少時有過從軍的經驗，培養出他強硬的行事風格。擔任親王期間他率軍鎮壓革命，殘暴的鎮壓手段讓他得到「霰彈親王」的外號。登上普魯士王位後他馬上擴軍，進行軍事改革，並重用鐵血宰相俾斯麥，隨後在普奧戰爭和普法戰爭中連續擊敗兩個強大的鄰國，法國和奧地利，統一了德國，替德國的強盛打下了良好的基礎。日後他的孫子威廉二世將他追封為威廉大帝。

柏林：威廉一世紀念教堂

Did YOU KnoW

威廉一世有座教堂，那威廉二世呢？

全德紀念普魯士王朝勝利的雕像，都只有威廉一世，而沒有威廉二世 (Wilhelm II)，這是由於威廉二世於1888年就任後，主導並參與了第一次世界大戰，最後戰敗退位，成了末代德意志皇帝和普魯士國王，因此，威廉二世被視為令德國蒙羞的人，所以別說像威廉一世有座紀念教堂了，二世其實連座雕像都不會有。

延伸行程

柏林故事多，值得你花時間細細聆聽！

柏林故事館 The Story of Berlin

MAP P.34 B3

如何前往

◎從威廉一世紀念教堂沿著選帝侯大道向西行10分鐘即可抵達

◎搭乘U1至Uhlandstr.站，沿Kurfürstendamm西行約130公尺即達。

info

Kurfürstendamm 207-208

(0)30 8872-0100

www.story-of-berlin.de

目前暫時關閉整修中。

柏林故事館是一處複合式的展覽館，共分為23個展廳，遊客可在各種巧妙佈置的場景、模型、照片展示及多媒體影像中，細細品味柏林800多年來的物換星移。

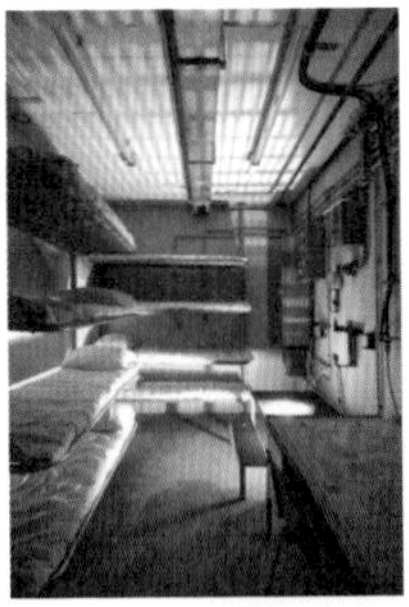

故事館大樓地下，有一座建於1974年的防核地下掩體，可收容三千六百名市民，當中有床位、廁所、廚房、空氣供給設備、醫務室和小型的娛樂空間。而這些設備至今都還持續運作著，只是沒有人希望會用到它。

故事館訴説著從1237年柏林形成貿易都市，到1989年柏林圍牆倒塌間的種種故事。

Käthe Wohlfahrt

MAP P.34 B3

如何前往

◎從威廉一世紀念教堂沿著選帝侯大道向西行5分鐘即可抵達

◎搭乘U1、U9至Kurfürstendamm站即達。

info

Kurfürstendamm 225/226

0800-409-0150

週一至週六10:00~18:00，週日13:00~17:00

www.kaethe-wohlfahrt.com

聖誕市集是德國的重要節慶，每年11月底開始，德國各地就已張燈結綵，狂歡慶祝，而且為期將近1個月。不過德國人還是不滿足，於是Käthe Wohlfahrt成了他們最愛逛的店，店內全年都販賣和聖誕節有關的物品，難怪德國人一提起Käthe Wohlfahrt，就把它形容成一處夢幻中的樂園。

店內的商品包括聖誕樹上的裝飾、聖誕塔(Pyramiden，一種利用蠟燭熱力驅動頂部槳片的塔形裝飾)、雪花水晶球、聖誕桌飾，以及聖誕大餐時的烘焙用品等。

其他德國著名紀念品，像是胡桃鉗木偶(Holzknackl)、薰香木偶(Holzknoddl)、咕咕鐘、泰迪熊、傳統啤酒杯等，也一應俱全。

MAP P.34 B3

選帝侯大道
Kurfürstendamm

KADEWE是全歐洲第二大的百貨公司，僅次於倫敦的Harrod's。

如何前往

◎威廉一世紀念教堂前即是選帝侯大道

◎搭乘U1、U9至Kurfürstendamm站即達。

info

⊙Kurfürstendamm

　　選帝侯大道的起點——歐洲中心購物廣場，雖然現在看來稍嫌老舊，但此處可是柏林圍牆築起那年，西方世界為了避免西柏林漸趨沒落，而在幾年內火速興建出來的嶄新大樓。基本上，統一後的柏林，觀光焦點已轉移至東柏林地區，但選帝侯大道依舊有著獨特風采。

琳琊滿目的高貴商品、富麗堂皇的裝潢設計，就像展示資本主義消費文化的博物館。

這條林蔭大道是西柏林最主要的購物大街，是柏林西區購物與休閒的重心。

不過這裡賣的盡是高檔商品和美食，對於想要撿便宜的人來說，只能滿足視覺上的慾望。

MAP P.34 C3

KADEWE

如何前往

◎從威廉一世紀念教堂延選帝侯大道向東行5分鐘即可抵達

◎搭乘U1-3至Wittenbergplatz站即達

info

⊙Tauentzienstr. 21-24

☎(0)30 212-10

🕐10:00~20:00 (週五至21:00)

休週日

🌐www.kadewe.de

　　KADEWE每層樓的面積都有7,000平方公尺，其中最有名的是位於6樓的美食家樓層，超過34,000種來自全世界的料理食材，從山珍海味到香草蔬果，讓人連買個菜都驚奇連連。

大道兩側有許多飯店、精品店、百貨公司，也有電影院、劇院等娛樂場所。

逛累了，也有不少餐廳與咖啡館可以選擇。

柏林：威廉一世紀念教堂

用餐選擇

吃飽喝足，
享受被寵壞的感覺！

柏林∷威廉一世紀念教堂

Berliner Kaffeerösterei

複合式飲料

📍 P.34B3　🚇 搭乘U1至Uhlandstr.站下車，沿Uhlandstr.南行約120公尺即達。　🏠 Uhlandstr. 173/174　☎ (0)30 284-700-325　🕐 週一至週六9:00~20:00、週日10:00~19:00　💰 咖啡€3.5~€6.8　🌐 www.berliner-kaffeeroesterei.de

這家店最大的特色，就在於那令人瞠目結舌的菜單，厚厚的一本，居然還得用目錄才能快速找到分類。這裡供應超過150種咖啡和將近130種茶類，另外還有50種複合式飲料。既然自詡為「咖啡烘焙專家」，從原料的選擇到烘焙，都秉持著最高品質的原則，造就了其咖啡無可取代的獨特香氣。而店家也會不定期舉辦咖啡品嚐鑑賞會，從器材到烹煮技法的知識，都能提供詳細的諮詢和解答。

卡布奇諾
(Cappuccino)
€4.9~€5.9

推薦菜

走進王后夏日寢宮，裡頭的**收藏**你也很熟悉…

王牌景點 ⑭

造訪夏洛騰堡宮理由

1 柏林現存歷史最悠久的宮殿

2 裡頭有驚人的中國青花瓷器收藏

3 因琥珀室得到「世界第八大奇蹟」的稱譽

柏林：夏洛騰宮

MAP
P.34
A2

夏洛騰堡宮
Schloss Charlottenburg

S-Bahn：搭乘S41、42、46至Westend站下車，沿Spandauer Damm東行約800公尺即達。

至少預留時間
只想逛免費區域
1小時
仔細參觀欣賞
3小時

夏洛騰堡宮建於1695年，是第一任普魯士王腓特烈一世為其妻子索菲・夏洛特(Sophie Charlotte)所興建的行宮。傳到腓特烈大帝時又新建了東翼的新宮，後來腓特烈威廉三世又將這裡當作露易絲王后的寢宮。

目前開放參觀的有3個主館，包括王室的寢宮、浪漫主義美術館，及史前歷史博物館等。宮內至今仍保存許多普魯士王朝時代的珍奇藝品，如舊宮西側的瓷廳，以超過2,700件中國青花瓷器鑲滿整個空間；而由胡格諾教徒織就的大片掛毯壁畫，也令人印象深刻；另外，琥珀室因為牆上鑲有大量琥珀，還被形容為「世界第八大奇蹟」。

⌂Spandauer Damm 10-22
☎(0)331 969-4200
🕐10:00~17:30 (11~3月至16:30)，歇館前30分鐘停止入場。
✖週一
💲舊宮與新翼各為€12、優待票€8、聯票成人€119、優待票€14
🌐www.spsg.de
◎ 宮殿花園
🕐每日08:00~天黑 💲免費

105

怎麼玩夏洛騰堡宮才聰明？

免費區域

不想參觀的人，**英式花園**開放遊客免費參觀。

注意休日

夏洛騰堡宮舊宮和新翼的**公休日是週一**，請特別留意。

古典音樂會

位於夏洛騰堡宮中的格羅斯橘園(Grosse Orangerie)經常會舉辦**古典音樂會**，不過要上網預約訂票，資訊會在官網上定期更新：www.orangerie-charlottenburg.com。

位於夏洛騰堡宮對面的貝加倫博物館，可欣賞到畢卡索等大師的作品。

剛開始，這裡只是一座小行宮，後來在幾位王室繼承人的加蓋下，擴大成現今的規模。其中，宮殿的圓頂加建於1710年。

從正門進去，會先看到一座英姿煥發的腓特烈一世騎馬銅像；兩側則有一座美麗的英式花園。

Did YOU KnoW

為了中國的花瓶把手下都給賣掉了

夏洛騰堡宮興建之際，剛好中國瓷器風風行於歐洲王室間，而腓特烈威廉一世夫妻正是此風愛好者，於是在宮內收藏了上千件瓷器。但此時，南方統治德勒斯登的強者奧古斯都二世也深愛瓷器，他為了得到127件中國瓷器，於1717年時，竟以600名的薩克森禁衛騎兵去交換這一批瓷器；於是，這些被交換的瓷器被稱作「禁衛花瓶」(至今還陳列在德國德勒斯登茲溫葛宮博物館內)；而被他賣掉的騎兵團，後來被編入普魯士陸軍，綽號便是「瓷器兵團」，而且直到二戰都還有這隻兵團的名稱。

向大師致敬！
你可以不懂畢卡索，但不能不接近他。

MAP
P.34
A2

貝加倫博物館
Museum Berggruen

如何前往
◎ 就在夏洛騰堡宮對面
◎ 搭乘S41、42、46至Westend站，沿Spandauer Damm東行約750公尺即可抵達

info
🏠 Schloßstr. 1
☎ (0)30 266-424-242
🌐 www.smb.museum
❗ 博物館目前整修中，預計2025年重新開放，館藏外出巡迴展覽，詳見官網。

　貝加倫博物館的創立者為德國著名畫商兼收藏家海因茲‧貝加倫(Heinz Berggruen)，由於他是畢卡索(Pablo Picasso)長期的合作夥伴，因此這裡的收藏便以這位「立體派」大師的作品為主，數量超過85幅。

　博物館其他部分則展示著與畢卡索同時代藝術家的作品，包括保羅‧克里(Paul Klee)、馬諦斯(Henri Matisse)與賈克梅第(Alberto Giacometti)等當代一流大師的偉大傑作。

Did YOU KnoW

誰懂畢卡索？

　談起畢卡索，可以說是無人不曉，但了解他畫作的人就不是那麼多了，當他畫人的形象，並不只畫眼睛裡所看到的外貌而已，你可以從他的畫中看到人沒有表現在外的內心世界。畢卡索的畫所呈現的並不只是物體的表象，而是包含了事物的所有意涵。譬如他最喜愛的主題之一——小提琴，觀者看到的並不只是一把小提琴在單向度中所呈現的模樣，

而是由小提琴各個部分最明顯的特徵所組構成的形象，甚至連樂音都能透過這樣的畫面表現出來，因此這把意象片斷的小提琴，竟比任何一幅臨摹逼真的作品都要來得真實。

柏林：夏洛騰堡宮

Highlights

① 馬諦斯
《藍色裸體跳躍》

馬諦斯晚年身體狀況不佳，不方便作畫，而創作出《藍色裸體》這個剪紙拼貼的系列。他先上色在紙上，然後在另一張紙上構圖，再依照構圖去剪貼色紙。他以簡單的構圖和線條描繪出女性裸體的美，展現出一代大師晚年化繁為簡的功力。

② 畢卡索
《鬥牛士和裸女》

畢卡索晚年的作品，這個時期功力已經爐火純青的他在立體派畫風中又融合了許多元素，有許多的細節值得欣賞。這幅畫結合了抽象和表現主義，鬥牛士和裸女交纏的身體和錯置的臉配上背景色彩分明的色塊，讓人看了有山雨欲來的緊張感。

離開柏林的周邊小旅行

離開現代感十足柏林，德國東部還有許多等待著大家的驚喜，昔日普魯士王國的土地上，有幾座古城如今依然散發著當年的餘暉。由於柏林是德國東部的交通樞紐，德國的鐵路又很發達，租車也不困難，還可以順便體驗無速限的德國高速公路，心動了嗎？馬上就可以開始計畫了！在接下來的篇章裡，我們推薦幾個適合小旅行的地點，包括波茨坦、萊比錫、威瑪和德勒斯登，你可以根據自己時間的長短與個人喜好，來挑選目的地，其中的威瑪和萊比錫其實相距不遠，如果時間寬裕，也可串連成一條路線。

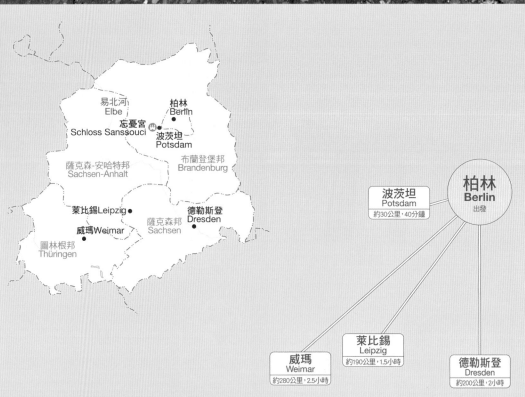

※所有里程數及時間，皆以從柏林出發計算

去一趟車程才40分鐘，
半天或一天遊時間都剛剛好

以忘憂宮為中心的忘憂公園，範圍還包括新宮、橘園和中國樓等名勝，面積幾乎占了市中心¼。

\ 推薦1 /

距離柏林

位於柏林西南方
距離約26公里

搭乘S-Bahn路程

約40分鐘

忘憂宮是遊人來到波茨坦的最大原因。

MAP
P.108,
110

波茨坦
Potsdam

如何前往

從柏林可搭乘S-Bahn的S7直達波茨坦中央車站，若從柏林中央車站出發，車程為40分鐘，且適用於柏林歡迎卡ABC區的搭乘範圍。

從柏林到波茨坦很快，因此許多遊客都把波茨坦當成柏林的附屬景點，但事實上波茨坦不但不是柏林城市邦的一部分，而且還是布蘭登堡邦的首府！

柏林歡迎卡-波茨坦版Berlin WelcomeCard - Potsdam Edition

持卡可免費搭乘波茨坦與柏林的大眾運輸系統(A、B、C區)，參觀景點、博物館與行程還可享有折扣優惠。每位持卡成人最多可帶3名6~14歲兒童免費同行。

🎫 可在遊客中心與各大旅館購買 💲48小時€31，72小時€41，72小時+博物館島€57，4日€51，5日€53，6日€57 🌐 www.berlin-welcomecard.de/en

○ 波茨坦的市區交通

從波茨坦中央車站出來便是公車站，搭X15或695號公車可至忘憂宮。

同場加映：離開柏林的周邊小旅行

©Stiftung Preussische Schloessertien und Gaer

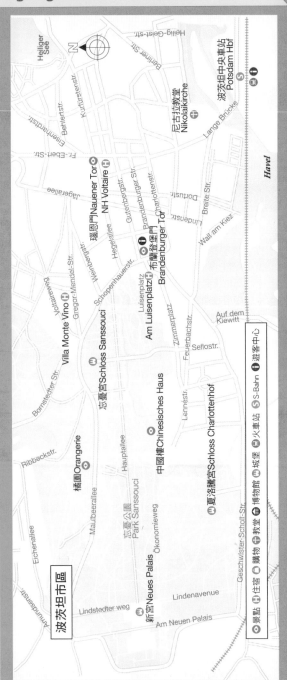

波茨坦市區

◎景點 ⓗ住宿 ⓟ購物 ✝教堂 ⓜ博物館 ⓗ城堡 ⓗ火車站 Ⓢ S-Bahn ⓘ遊客中心

① 忘憂宮
Schloss Sanssouci

黃牆、灰瓦、綠色圓頂的王宮，外觀結合巴洛克與古典主義風格。

腓特烈大帝曾在七年戰爭中以一國之力對抗歐陸群雄，就連拿破崙都受他兵法影響很深。1744年，腓特烈大帝為自己興建了一座「普魯士的凡爾賽宮」，而在200多年後成為波茨坦最引以為傲的建築藝術象徵。

忘憂宮內部的豪華裝飾是典型洛可可代表作，有小畫廊、圖書館、書房、寢宮等12個房間，喜愛吹笛子的腓特烈最愛的是音樂廳。而鋪著大理石地板和大型法式窗的大理石廳，則是他與文人雅士討論哲學的地方，在伏爾泰當年作客的客房內還有一尊伏爾泰的雕像。

🗺 P.110　🚌 搭乘X15、695號公車至Schloss Sanssouci站即達。　🏠 Maulbeerallee　☎ (0)331 969-4200　🕐 4～10月9:00~17:30，1～3月10:00~16:30，歇館前30分鐘停止入場。　休週一　💲成人€14、優待票€10，聯票成人€22、優待票€17(不含 Sacrow House 和 Stern Hunting Lodge)。　🌐 www.spsg.de　ⓘ 現場售票數額有限，建議事先上官網預購。

最著名的是宮殿前方遼闊的六層階梯式平台，每層平台的牆面上皆爬滿葡萄藤，迤邐延伸到山丘底部的噴泉。

 注意！進入宮殿都需要參加導覽團！

腓特烈大帝渴慕法國文化，與法國大思想家伏爾泰有密切信件來往，素有「哲學家國王」之稱。宮名Sans Souci即是法文「忘卻憂煩」的意思。

宮殿背後的半圓形雙迴廊柱，靈感來自於梵諦岡的聖彼得大教堂。忘憂宮的美在藝術家及學者之間傳頌著，並在1990年登錄為世界文化遺產。

橘園的中央建有兩座由廊柱相連的方形塔樓，仿照的是羅馬的梅第奇別墅（The Villa Medici）。

同場加映：離開柏林的周邊小旅行

素有「浪漫國王」之稱的腓特烈威廉四世，特別鍾情於義大利文化與建築，因此他硬是在巴洛克風的忘憂公園內，蓋了一座義大利文藝復興式的宮殿。

Did YOU KnoW

是大帝也可以是馬鈴薯之父

德國家庭的熱食常與馬鈴薯脫不了關係，但其實，馬鈴薯非歐洲原生植物，一直到18世紀，馬鈴薯才傳入德國，但以德國人保守民族性，陌生食物絕不入口。當年的普魯士國王腓特烈二世（即腓特烈大帝），為了破除馬鈴薯有毒的迷思，身先士卒試吃並推廣馬鈴薯，最後也就廣泛成為庶民餐桌上不可或缺的食物；因此，德國人也稱腓特烈大帝為「馬鈴薯之父」，在其忘憂宮的墓碑上，總會放上馬鈴薯以茲紀念。

② 橘園 Orangerie

這座具有地中海風情的橘園，建於腓特烈威廉四世時代，與建目的是為了要在寒冷的冬季存放公園內的熱帶植物。
主殿的兩翼與角廊是模仿佛羅倫斯烏菲茨宮(Uffizien)的設計。當中較特別的是有一間專門陳列義大利文藝復興三傑之一的「拉斐爾作品廊」，不過現今展示的多半是複製品。
🚶 P.110 🚌 於忘憂宮向西沿Maulbeerallee可達。 🏠An der Orangerie 3-5 🌐www.spsg.de ❶橘園目前重新整修中，暫停開放。

Highlights：在波茨坦，你可以去～

③ 新宮 Neues Palais

在1759~1763年的七年戰爭中，普魯士幾次瀕臨亡國邊緣，但在腓特烈大帝的超人戰略下，普魯士沒有滅亡，反而成為歐洲最強大的國家之一；而新宮就是他向歐洲列強展示國力強大的證明。新宮共計400多個房間，有國王住房、工作室、書房、珍藏室、大理石藝廊和劇院等，德國洛可可式的裝飾極盡奢華之能事。1990年被列入世界遺產。

🚶P.110 🚇從公園東入口進去後，沿Hauptalle西行到底即達。🏠Am Neuen Palais ☎(0)331 969-4200 🕐4~10月10:00~17:30，1~3月10:00~16:30 (歇館前30分鐘停止入場) 休週二 💲宮殿€12，國王寢宮€8，宮廷劇場€8，宮殿＋國王寢宮€14。波茨坦宮殿花園聯票€22。 🔗www.spsg.de ❶1.進入宮殿需參加導覽團，國王寢宮僅在夏季開放，宮廷劇場遇有演出時不開放。2.King's Apartment預計於2024年11月1日起暫時關閉進行整修。

> 腓特烈之所以為大帝，是他讓普魯士在戰爭的毀滅中迅速重建起來，並留下許多偉大建築。

🔊 注意！進入宮殿需參加導覽團或使用語音導覽，進入王居需參加導覽團。

1763年開始興建的新宮志憂公園內最大的建築物，也是18世紀歐洲最大的宮殿，而且前後建造只花了7年時間完成。

一座雖不宏偉但金碧輝煌的八角亭，周圍有各種亞洲形態的人物雕像，這些雕像都是鍍金的，因此禁止觸摸。

④ 中國樓 Chinesisches Haus

中國樓是一棟圓形小屋，建於1754~1757年，據說建築樣式是由腓特烈大帝親自設計，再由御用建築師布林(Johann Gottfried Buering)完成。自馬可波羅自元廷歸來，加上後來大航海時代與遠東貿易興盛，使得中國瓷器與藝術風格在17、18世紀的歐洲貴族間，造成極大流行。

🚶P.110 🚇從公園東入口進去後，沿Hauptalle西行即達。 🏠Am Grünen Gitter ☎(0)331 969-4225 🕐5~10月10:00~17:30 休週一和11~4月 💲成人€4、優待票€3 🔗www.spsg.de

同場加映：離開柏林的周邊小旅行

當天來回實在太趕，不如乾脆留宿一晚

＼推薦2／

距離柏林

位於柏林西南方
距離約190公里

搭乘高速火車路程

約1.5小時

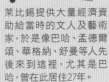

萊比錫提供大量經濟資助給當時的文人及藝術家，於是像巴哈、孟德爾頌、華格納、舒曼等人先後來到這裡，尤其是巴哈，曾在此居住27年。

MAP
P.108,
114

萊比錫
Leipzig

如何前往

從柏林中央車站搭每小時都有一班的高速火車ICE直達萊比錫中央車站，全程約1.5小時。

位於薩克森邦，臨易北河支流Weisse Elster河畔的萊比錫，自古即為商旅中心，這裡從15世紀起便每年舉辦兩場國際商品博覽會。19世紀初德國第一條鐵路正式通車，連接地點便是萊比錫與德勒斯登，可見其經貿地位何其重要。

在自由貿易的帶動之下，萊比錫成為歐洲最具影響力的城市之一。社會富庶帶來生活品味的追求，萊比錫的統治階層逐漸將喜好投注在文學、音樂與藝術上，讓這座城市更增添藝術氣質。

◎ 萊比錫市區交通

萊比錫雖然是座大城市，但觀光景點都集中在舊城區，直徑大約只有1公里，加上電車路線全在老城外圍，因此步行會比搭乘大眾交通工具方便。若要到老城外較遠的地方，可利用LVB經營的路面電車(Tram)和公車，車票可在月台售票機或上車購買。

二戰後萊比錫成為東德領地，繁華的商業活動突然沉寂。德國統一後，萊比錫才恢復生氣，為德國東部最重要商業與文化大城。

🔊 萊比錫卡

持有萊比錫卡可免費搭乘市內大眾交通工具，參觀景點、博物館、市區導覽行程、音樂會、巴哈音樂節的表演時，也可享有折扣優惠。萊比錫卡必須在卡片背面簽名，並寫上第一次使用的日期，卡片才算生效。

⌂可在遊客中心、各大旅館或官網上購買。

💲1日卡€14.4，3日卡為€28.9，團體3日卡€56.9。

同場加映：離開柏林的周邊小旅行

① 聖托瑪斯教堂
Thomaskirche

建於1212年的聖托瑪斯教堂曾改建過多次，今日的主體建築大約建於15世紀末，然而當時的巴洛克風格在1880~1889年的重建中被改為現今的新哥德式模樣。這裡最有名的是至今已有500多年歷史的兒童唱詩班，因為巴哈自1723年在此擔任指揮和風琴師達27年之久。比較可惜的是，巴哈當年居住聖托瑪斯音樂學校，在教堂重建時已倒塌。

🚶 P.114　🚇 從Leipzig Markt站沿Markt向南走，於Thomaskirchhof又轉向前100公尺即可抵達。　🏠 Thomaskirchhof 18　☎ (0)341 2222-4200　🕐 教堂10:00~18:00開放；週三11:00教堂導覽　💲 教堂導覽€3　🌐 www.thomaskirche.org

祭壇前的墳墓則是巴哈長眠之處，這座墓其實是1950年時才移葬至此的。

教堂的彩繪玻璃是一大特色，由左至右分別描繪德皇威廉一世、孟德爾頌、馬丁路德、巴哈、古斯塔夫與一次大戰的陣亡將士。

萊比錫市區

- Ⓖ Goerdelerring
- 萊比錫中央車站
- Hauptbahnhof
- Willy-Brandt-Pl.
- Wintergartenstr.
- Wintergartenstr.
- Chopinstr.
- 🏛 萊比錫美術館 Museum der bildenden Künste
- 🏛 圓角落博物館 Runden Ecke
- ℹ
- Markt
- 🍵 阿拉伯咖啡樹 Zum Arabischen Coffee Baum
- Reichsstr.
- Nikolaistr.
- Ritterstr.
- Goethestr.
- Georgiring
- ✝ 尼古拉教堂 Nikolaikirche
- 🏛 舊市政廳 Alte Rathaus
- 舒曼故居 Schumann-Haus
- Querstr.
- Salomonstr.
- Inselstr.
- Thomaskirche
- Thomasg.
- 🏛 當代歷史博物館 Zeitgeschichtliches Forum
- Ⓢ Augustuspl.
- Augustuspl.
- Dresdner Str.
- Dittrichring
- Dittrichring
- 奧巴哈地窖 Auerbach's Keller
- Grimm. Steinweg
- Ⓢ Johannispl.
- 🏛 巴哈博物館 Bach-Museum
- Burgpl.
- Petersstr.
- 蓋凡豪斯 Gewandhaus
- Radisson Blu
- Universitätsstr.
- Roßstr.
- Johannisstr.
- Tälstr.
- Prager Str.
- 🏛 格拉西博物館 Museen im Grassi
- 聖托瑪斯教堂 Thomaskirche
- 🏛 Neues Rathaus
- Schillerstr.
- 孟德爾頌故居 Mendelssohn-Haus
- Goldschmidtstr.
- Nürnberger Str.
- 往民族勝利紀念碑 Völkerschlachtdenkmal
- Ⓢ W.-Leuschner-Pl.
- Martin-Luther-Ring
- W.-Leuschner-Pl.
- Ⓢ Roßpl.
- Gutenbergpl.

Ⓞ 景點　🏠 住宿　🍴 餐廳　✝ 教堂　🏛 博物館　🍵 咖啡廳　🚃 火車站　🚋 電車站　ℹ 遊客中心

教堂南邊出口外有座已150多年歷史、萊比錫最古老的的巴哈雕像。

這裡其實並非巴哈一家人當年住的地方,而是他的好友兼鄰居博斯(Georg Heinrich Bose)的公館。

就是位超認真的音樂家

巴哈是個相當多產的作曲家,雖然他的作品在其生前因為個性拘謹而很少付梓,所以大部分已經亡佚,但少部分流傳下來的曲目,仍多達500多部。巴哈在萊比錫總共待了27年,著名的《馬太受難曲》、《約翰受難曲》、《B小調彌撒曲》,以及300多首清唱劇,都是這個時期完成的作品,現今萊比錫每年都會舉辦巴哈音樂節以茲紀念。

② 巴哈博物館 Bach-Museum

比起其他音樂家,巴哈的生平事蹟較平淡無奇,這座博物館裡最有趣的是一間交響樂室,當背景音樂響起,你可以按下不同樂器前的按鈕,藉由相對大聲的樂音,分辨出該樂器在樂團中的角色。其他展廳則包括當時的管風琴、巴哈的樂譜、家世譜系等,雖然博物館不大,但若要細細聆聽試聽室中的所有曲目(包括巴哈諸子侄創作的樂曲),也是可以花上半天時間。

🚶P.114 🚇從Leipzig Markt站沿Markt向南走,於Thomaskirchhof又轉向前100公尺即可抵達(聖托瑪斯教堂對面)。 🏠Thomaskirchhof 15/16 ☎(0)341 913-7202 ⏰10:00~18:00 休週一 💲成人€10、優待票€8,16歲以下免費;每月第1個週二免費。🌐www.bachmuseumleipzig.de

直到1905年新市政廳啟用後,舊市政廳才正式退居幕後,改成存置歷史的博物館。

③ 舊市政廳(歷史博物館) Alte Rathaus (Stadtgeschichtliches Museum)

這棟市集廣場上最美麗的建築物,自1556年落成起,便以富麗的外觀,展現這座歐洲商貿重鎮的市民自信心。

變成博物館後,這裡的展示內容分為兩大區塊,一是從萊比錫建城到拿破崙戰役;一是從工業革命到現代。陳列中,有個打造於1821年的城市模型,以1:380的比例向遊客展示當年的市容。此外,這裡也收藏了一幅繪於1746年的巴哈肖像,這是現存所有巴哈肖像畫中最可靠的一幅。

🚶P.114 🚇從Leipzig, Markt站出站後向東走到底左轉即可抵達 🏠Markt 1 ☎(0)341 965-1340 ⏰10:00~18:00 休週一 💲參觀常設展免費 🌐www.stadtgeschichtliches-museum-leipzig.de

④ 奧巴哈地窖餐廳 Auerbach's Keller

這間餐廳的高知名度主要來自於歌德。1765年時,16歲的歌德來到萊比錫求學,當時他在這間餐廳裡首次聽聞關於浮士德的傳說,於是在日後《浮士德》(Faustus) 鉅作中,這家餐廳成了第一部中的一幕場景:當經過餐廳門口時,浮士德正好遇到幾名壯漢把一個大酒桶搬出地窖,他笑說這工作只需要一個人就能辦到,餐廳主人於是許諾,誰能獨力搬出酒桶,酒桶便歸他所有,沒想到浮士德跨坐在酒桶上,像騎著馬一樣將酒桶騎出地窖…今日,奧巴哈依然是全萊比錫最好的餐廳,古色古香的裝潢仍維持中世紀晚期風格。

🚶P.114 🚇從Leipzig, Markt站出站後向南越過廣場即可抵達 🏠Grimmaische St. 2-4 ☎(0)341 216-100 ⏰12:00~22:00(週二、三17:00~22:00、週五、六12:00~23:00) 💲主菜約€22~42 🌐www.auerbachs-keller-leipzig.de

餐廳門口放了兩組銅像,一組是正在引誘浮士德的惡魔使者梅菲斯特(Mephistopheles),另一組是受到蠱惑的學生。成為遊客最愛拍照的景點。

Highlights：在萊比錫，你可以去～

⑤ 萊比錫美術館
Museum der bildenden Künste Leipzig

早在19世紀中，萊比錫藝術協會便擁有許多藝術收藏，最初博物館設立在今日蓋凡豪斯的位置，但在二戰中毀於轟炸。直到2004年，萊比錫美術館才在老城中心重新開幕。這裡的藝術品從15世紀的文藝復興時期畫作到後現代的藝術嘗試，從克拉那詞的宗教理念到超現實的攝影及造像，可謂包羅萬相。而展廳外的開放空間，也有許多裝置藝術，甚至以玻璃外牆搭建成的美術館本身，都可看作一件藝術品。

🅿 P.114 🚇從Leipzig, Markt站出站後向東走到底左轉再走100公尺即可抵達 🏠Katharinenstraße 10 ☎(0)341 216-990 🕙10:00~18:00(週三12:00~20:00) 休週一 💲參觀常設展免費 🕸www.mdbk.de

館內收藏量最豐富的，是出身自萊比錫本地的象徵主義雕塑大師Max Klinger的作品，曾在維也納大放異彩的《王座上的貝多芬》雕像，也在美術館的收藏之列。

美國最近很吹捧的德國畫家新秀——勞赫

最近頗受美國市場重視的德國畫家，是於1960年出生於萊比錫的勞赫(Neo Rauch)。他作品的主題，可歸為超現實主義的畫作，多以大尺寸的作品，運用超現實主義手法，表現日常生活情景，許多畫作中出現的人物與物件，看似都沒有關聯，就開放任由觀眾自我解讀，勞赫的作品近年來深受歐洲和美國收藏家青睞，走訪萊比錫美術館就可欣賞到他的畫作。

⑥ 尼古拉教堂
Nikolaikirche

尼古拉教堂始建於1180年，是萊比錫最古老的教堂與城市中心，隨著外觀改建逐漸新潮，萊比錫市長也在1785年下令對內部改以新古典主義裝飾，最顯著的改變就是由道錫(Johann Carl Friedrich Dauthe)設計的列柱。

🅿 P.114 🚇從中央車站向南順著Ritterstraße步行500公尺即可抵達 🏠Nikolaikirchhof 3 🕙週一~週六11:00~18:00，週日10:00~15:00 💲網站可購音樂會門票 🕸www.nikolaikirche.de

1989年10月9日，市民聚集在尼古拉教堂抗議，活動旋即席捲東德，終於迫使何內克下台、柏林圍牆倒塌。今日教堂廣場上的棕櫚葉立柱，便是紀念這次事件。

列柱頂端蔓生出棕櫚葉，將拱頂分割成美麗的菱形格狀，且大量運用配色，以符合當時人們對天堂氛圍的想像。

⑦ 蓋凡豪斯
Gewandhaus

蓋凡豪斯是「布商大廈」的意思，1781年時萊比錫管絃樂團在布商大廈中成立，便以蓋凡豪斯為名。樂團中貢獻最大的是孟德爾頌，他於1835~1847年間擔任樂團首席指揮，並且創立了德國最早的音樂學校。時至今日，蓋凡豪斯仍是當今世上首屈一指的管絃樂團。

🚶 P.114 🚋 位於舊城區東南角，從Leipzig, Markt站向東南方穿過萊比錫大學即達。或搭乘Tram 4、7、8、10、11、12、15、16至Augustusplatz站即達。 🏠 Augustusplatz 8 ☎ (0)341 127-0280 🕐 售票窗口週一~週五10:00~18:00，週六10:00~14:00，演出詳情請上官網查詢。 🌐 www.gewandhaus.de

最早的那棟布商大廈於1885年被拆除，第二代蓋凡豪斯毀於1944年的聯軍空襲，現在這棟蓋凡豪斯大樓，已是第三代，建於1981年。

🔊 若參加週六的導覽團，可以欣賞風琴演奏會。

蓋凡豪斯前的噴泉

可惜屋內的原始傢俱並沒有保留下來，多已移往舒曼故鄉茨維考（Zwickau）的博物館內。

⑧ 舒曼故居
Schumann-Haus

舒曼是19世紀著名的音樂家，也是德國浪漫樂派的代表人物。他於1840年搬到這棟公寓居住。雖然舒曼在這裡只住了4年，卻創作出許多經典作品，最著名的便是《春之頌》（Frühlingssinfonie）。目前舒曼故居有3個房間開放，中間是音樂廳，另外兩間則展示舒曼夫婦的音樂成就與家庭生活。

🚶 P.114 🚋 搭乘Tram 4、7、12、15至Johannisplatz站，沿Johannisplatz / Dresdner Str.東行，至Inselstr.左轉即達，路程約550公尺。 🏠 Inselstraße 18 ☎ (0)341 3939-2191 🕐 週一至週五14:00~18:00，週六、日10:00~18:00。 💲 成人€7、優待票€5，16歲以下免費。 🌐 www.schumannhaus.de

舒曼就是在此認識了他的妻子克拉拉，今日咖啡館內還特別保留了一處「舒曼角落」，來紀念這段佳話。

⑨ 阿拉伯咖啡樹咖啡館
Zum Arabischen Coffee Baum

萊比錫向來自翊為「咖啡之都」，是德國少數把咖啡看得比啤酒還重要的城市，而這家人氣鼎沸的咖啡館，創始於1695年，裡頭供應13種咖啡，配上自製的烘焙糕點，自古以來就是文人雅士喜歡聚會小憩的地方，像是華格納、舒曼、孟德爾頌等人。咖啡館的樓上是博物館，展出和咖啡有關的歷史和文物。

🚶 P.114 🚋 從Leipzig, Markt站出站後沿著Barfußgäßchen向西步行100公尺即可抵達。 🏠 Kleine Fleichergasse 4 ❗ 目前建築整修中，預計2025年重新開張。

同場加映：離開柏林的周邊小旅行

門口的雕塑為Wolfgang Mattheuer的作品，雕像右手作作納粹軍禮手勢，代表法西斯主義，左手曲肘握拳，代表蘇維埃政權，象徵東德先後經歷的兩種專制極權統治。

⑩ 當代歷史博物館
Zeitgeschichtliches Forum

當代歷史博物館是獻給曾在鐵幕中掙扎反抗的東德人民，也為了讓他們的西德同胞了解他們曾經受過的苦難。博物館的內容是從二戰結束到德國統一這段時期，以文物及多媒體，展示東德體制下的政經文化和人民生活。只是這裡大多數的展品皆以德文敘述，必須熟知德國社會歷史才能有所體會。

🔺P.114 🚇從Leipzig, Markt站出站後向南越過廣場即可抵達 🏠Grimmaische Straße 6 ☎(0)341 222-0400 🕐週二至週五9:00~18:00，週六、日10:00~18:00 休週一 💲免費 🌐www.hdg.de

⑫ 圓角落博物館
Museum in der "Runden Ecke"

這棟建築是從前惡名昭彰的東德祕密警察「史塔西」(Stasi)的總部。史塔西在東德時代，專門執行箝制人民思想、窺探人民隱私的任務，正因如此，在1989年12月4日的群眾運動中，史塔西和圓角落被群眾佔領，象徵極權政府的崩潰。

🔺P.114 🚇從Leipzig, Markt站出站後沿Barfußgäßchen向西行，接著走Dittrichring即可抵達，全程400公尺。 🏠Dittrichring 24 ☎(0)341 961-2443 🕐10:00~18:00 💲免費 🌐www.runde-ecke-leipzig.de

這裡可看到各種間諜裝備，如鈕扣照相機、變裝易容的道具。

還有這種專門拆信後再補彌封的器械。而所有不利於政府的文件，則會先絞碎再和以水泥拿去鋪馬路，讓證據消失。

在樂器博物館，可看到自文藝復興以來的各種樂器，許多樂器因為演奏方式微而淘汰，或演變成新的形制，因此在現代人的眼裡看來相當新奇。

⑪ 格拉西博物館
Museen im Grassi

格拉西博物館是3大博物館的合體：樂器博物館(Museum für Musikinstrumente)、民族人類學博物館(Museum für Völkerkunde)與工藝美術博物館(Museum für Angewandte Kuns)。

🔺P.114 🚇出中央車站左轉沿著Willy-Brandt-Platz走到Querstraße 右轉，沿著Querstraße向南步行200公尺，於Johannispl左轉再走200公尺即可抵達。 🏠Johannisplatz 5–11 ☎工藝美術博物館及民族人類學博物館(0)341 222-9100，樂器博物館(0)341 973-0750 🕐10:00~18:00 休週一 💲工藝美術博物館及民族人類博物館參觀常設展免費，特展門票另計。樂器博物館成人€6、優待票€3，18歲以下免費。 🌐www.grassimuseum.de

工藝美術博物館是各時代工匠智慧的結晶，舉凡青花瓷器、鎏金器皿、鑄銅工藝、造像雕塑、蕾絲絹巾、刀劍鎧甲、壁毯裝飾等，都看得到。

民族人類學博物館位於2樓與3樓，這裡介紹的民族遍及五洲七海，可看到緬甸皮影戲、印尼浮屠造像、西藏唐卡、印度舞蹈面具、中國文字書法、蒙古包、日本茶道、非洲樂器、印地安圖騰等，而台灣原住民文化也在其列。

⑬ 孟德爾頌故居
Mendelssohn-Haus

孟德爾頌是德國浪漫主義時期的音樂家,他同時擅於演奏鋼琴、譜曲和指揮。孟德爾頌與家人於1845年搬進這棟公寓,3年後便在這裡去世,成了至今唯一保存完好的孟德爾頌故居。牆上的水彩風景畫作,是他旅行時的寫生,讓人驚訝於他的多才多藝。故居中央為音樂廳,過去孟德爾頌每週日都會舉辦音樂沙龍,這個傳統仍延續至今,現在每個禮拜天來此參觀,都能聽見美妙音符在屋裡迴盪。

🚶 P.114 🚋 搭乘Tram 4、7、12、15至Johannisplatz站,沿Nürnberger Str.南行,右轉Goldschmidtstr.即達,路程約300公尺。 🏠 Goldschmidtstraße 12 ☎ (0)341 962-8820 🕐 10:00~18:00,12/24及12/31為10:00~15:00 💲 成人€10、優待票€8,18歲以下免費;週日11:00有音樂會,票價會隨節目調整,須上官網預購門票。 🌐 www.mendelssohn-stiftung.de

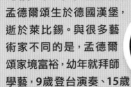
許多房間內都保留原始像俱,包括他工作的作曲室在內。

拿破崙在1812年長征俄國鎩羽而歸後,歐洲以普魯士、奧地利和俄國為首,迅速組織第六次反法聯盟。終於在1813年10月的萊比錫會戰中擊敗拿破崙。這次戰役直接宣告拿破崙時代的終結,萊茵邦聯紛紛背叛,而聯軍也於次年攻陷巴黎,迫使拿破崙退位。

⑭ 民族勝利紀念碑
Völkerschlachtdenkmal

為紀念萊比錫會戰100週年,德意志帝國在1913年建成了這座紀念碑,這也是目前歐洲最高大的紀念碑,總高91公尺。憑紀念碑門票還可參觀一旁的1813年博物館,館內展示拿破崙戰爭時代的武器、軍裝、戰術地圖與戰場模型等,不過多是德文解說。

🚶 P.114 🚋 搭乘Tram 2、15至Völkerschlachtdenkmal站即達。 🏠 Straße des 18 Oktober ☎ (0)341 241-6870 🕐 10:00~18:00(11~3月至16:00) 💲 成人€10、優待票€8,6歲以下兒童免費。 🌐 www.stadtgeschichtliches-museum-leipzig.de

遊客還可爬上500層迴旋階梯到達碑頂,或是搭乘電梯來到紀念碑腰部,再循階梯而上。從碑頂平台可鳥瞰城市景致。

孟德爾頌生於德國漢堡,逝於萊比錫。與很多藝術家不同的是,孟德爾頌家境富裕,幼年就拜師學藝,9歲登台演奏、15歲譜出交響曲、17歲寫出著名的《仲夏夜之夢》。結婚後育有3子2女,於1842年協助舒曼成立萊比錫音樂學院,孟德爾頌便擔任首任校長,讓這所學校成為歐洲重要的音樂學校之一。然而天妒英才,孟德爾頌才38歲就過世了,無緣留下更多美麗作品。

當天來回實在太趕，不如乾脆留宿一晚

不少歷史名人曾在威瑪留下史跡，如文學家歌德與席勒、哲學家赫德、音樂家巴哈與李斯特等人。

威瑪市區裡有一座全世界最小的歌德學院

巴哈雕像

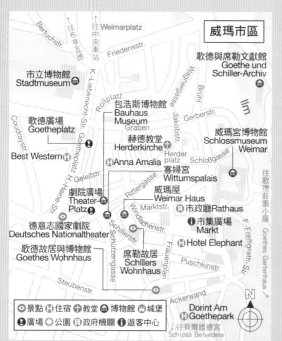

推薦3

距離柏林

位於柏林西南方
距離約280公里

搭乘高速火車路程
約2.5小時

◎ 威瑪的市區交通

威瑪老城範圍很小，東西南北各不到1公里，適合以步行方式遊覽。若是要到較遠的地方，或從老城往返中央車站，威瑪也有9條公車路線，每一條都會經過老城區的歌德廣場。公車票可在歌德廣場售票亭、市集廣場遊客中心、中央車站售票亭或上車向司機購買。

MAP P.108, 120

威瑪
Weimar

如何前往
從柏林中央車站搭高速火車ICE到Erfurt Hbf站（一天四班直達），再轉RE從Erfurt Hbf搭到威瑪，全程約2.5小時。

威瑪是個擁有1,100多年歷史的小鎮，它在18世紀時甚至是歐洲文學、藝術與音樂的中心。德國在結束帝制後的第一部憲法就是在威瑪通過頒布，即《威瑪憲法》，德國在兩次世界大戰間的和平時期則被稱為「威瑪共和」。

德國統一後，威瑪受到更多注目，不但已被列入世界文化遺產，榮耀也不僅止於過去，現在威瑪的包浩斯大學在世上仍是頂尖翹楚，許多學子也選擇到威瑪求學。

威瑪卡Weimar Card
威瑪卡效期為48小時，持有威瑪卡可免費搭乘市內大眾交通工具。參觀景點、博物館、導覽行程、劇場表演及參加節慶活動，都可享有折扣優惠。
⌂可在遊客中心購買
Ⓢ€32.5

威瑪市區

⎯⎯ 往中央車站
⎯⎯ 往布倫瓦德

Weimarplatz
Friedensstr.
Bertuchstr.
Wagnergasse

歌德與席勒文獻館
Goethe und
Schiller-Archiv 🏛

市立博物館
Stadtmuseum 🏛

K.-Liebknecht-Str.
Geleitstr.
Rollplatz
Graben
Brühl
Ilm
Jakobstr.
Gerberstr.

包浩斯博物館
Bauhaus
Museum 🏛

歌德廣場
Goetheplatz ⦿

赫德教堂
Herderkirche ✝

威瑪宮博物館
Schlossmuseum
Weimar 🏛

Best Western Ⓗ

Ⓗ Anna Amalia

Herder
platz
Schlossgasse

寡婦宮
Wittumspalais 🏛

Rittergasse
H.-Heine-Str.
Schützengasse
Windischenstr.
Schillerstr.
Marktstr.
Frauenplan
Puschkinstr.
Steubenstr.

劇院廣場
Theater-
Platz ⦿

威瑪屋
Weimar Haus 🏛

往歌德莊園小屋 Goethes Gartenhaus

市政廳 Rathaus

德意志國家劇院
Deutsches Nationaltheater 🏛

🛈 市集廣場
Markt

歌德故居與博物館
Goethes Wohnhaus 🏛

席勒故居
Schillers
Wohnhaus 🏛

Ⓗ Hotel Elephant

F.-Freiligrath-Str.
Ackerwand

Dorint Am
Ⓗ Goethepark

N

↓往貝爾維德宮
Schloss Belvedere

⦿景點　Ⓗ住宿　✝教堂　🏛博物館　🏰城堡
⦿廣場　🌳公園　🏛政府機關　🛈遊客中心

威瑪市區

Highlights：在威瑪，你可以去～

① 歌德故居與歌德博物館
Goethes Wohnhaus mit Goethe-Nationalmuseum

雖然歌德出生法蘭克福，但他人生最精華的部分是在威瑪度過，包括完成了他此生最偉大的鉅作《浮士德》。歌德生於1749年，26歲前便以《少年維特的煩惱》這本小說大顯才氣。1775年，他應安娜·阿瑪莉亞和卡爾·奧古斯都之邀來到威瑪擔任官職，此後，他不但成為卡爾最得力左右手，更造就威瑪成為德國古典主義文學運動發軔地。歌德在威瑪待了50多年，直到他83歲去世。

🚩 P.120 🚌 從歌德廣場沿Wielandstraße向南走，接上Schützengasse繼續向南走，看到Brauhausgasse向右轉走到底即可抵達。 🏠 Frauenplan 1 🕐 4~10月中9:30~18:00、10月中~3月9:30~16:00。 休週一 💲成人€13、優待票€4~9，16歲以下免費。 ⓥ www.klassik-stiftung.de

歌德故居在1885年時被列為「歌德國家博物館」，裡頭收藏了歌德從世界各地旅行時帶回來的上萬件藝術作品。

許多傢俱和擺飾，包括歌德與其秘書辦公的書房、臥室，和辭世時坐的扶手椅，直到現在還保持原貌。

同場加映：離開柏林的周邊小旅行

Did YOU KnoW

歌德的太太是誰？為何不受到當時文人們的喜愛！

歌德有結婚嗎？為何歌德的太太無人討論呢？事實上，歌德從小體弱多病，特別從40歲起，歌德的身體就受到椎間盤損傷和胸椎變形之苦。1805年，席勒去世的隔年，56歲的歌德與伍碧絲(Johanna Christiana Sophie Vulpius)結婚了，但其實兩人從1789年起就住在一起，當時伍碧絲是位出身貧寒的村婦，因為弟弟謀職而拜會歌德，歌德一舉迎入家門，同時照顧伍碧絲家人。

伍碧絲掌管歌德的家務，把歌德照顧得好好的，但彼時的上流社會，並不認同她的出身背景，他們並不反兩人同枕共眠，也不反對她洗衣煮飯照顧家庭，但就是反對她擁有「歌德夫人」這個頭銜。而後雖然歌德迎娶了她，想給她過好生活，但伍碧絲卻因尿毒症，讓比歌德年輕16歲的她，仍比歌德早16年過世。

② 劇院廣場
Theater-Platz

劇院廣場是旅遊威瑪的起訖點，因為廣場上豎立著一尊威瑪最具代表性的雕像——「歌德與席勒」。
雕像正後方是德意志國家劇院（Deutsches Nationaltheater），這座由歌德構思的劇院創立於1791年，當初只作為威瑪公爵的宮廷劇院，於1919年時才改為德意志國家劇院。該劇院也含有重要歷史意義，因為在1919年時，德國由民主議會所成立的第一個民主共和國「威瑪共和國」，及其頒布的「威瑪憲法」，都是在這裡完成。
🚶 P.120 🚇 從歌德廣場向南步行約3分鐘可達

雕像中手持桂冠的是歌德，手拿詩集的是席勒，這兩位文壇巨人是威瑪永遠的精神領袖。

④ 寡婦宮
Wittumspalais

寡婦宮的主人是安娜·阿瑪莉亞（Anna Amalia），她是「薩克森·威瑪·艾森納赫」公國的公爵夫人。安娜19歲時丈夫早逝，僅留兩位幼子，於是治國重任便落在她身上。安娜很注重教育，兒子卡爾·奧古斯都（Karl August）的老師是當時普魯士名人涅貝爾（Karl Ludwig von Knebel），他認為卡爾與他的得意門生歌德一定很投緣，於是介紹他們認識。1775年，26歲的歌德來到威瑪，這一年卡爾剛滿20歲，也正式從公爵夫人手裡接掌國政，而這政後的安娜也如願沉浸在她熱愛的文學與藝術世界裡。
🚶 P.120 🚇 從歌德廣場出發，沿Wielandstraße向南步行300公尺即可抵達。 🏠 Am Palais 3 🕙 10:00~18:00（11~3月至16:00） 休週一 💲 成人€7、優待票€3~5，16歲以下免費。 🌐 www.klassik-stiftung.de

③ 包浩斯博物館
Bauhaus-Museum

包浩斯博物館於1995年開幕，館中展出500多件工藝與設計作品，及包浩斯藝術學院創校初期學生們的創作。包浩斯是一種現代藝術設計理念，由名建築師葛洛普斯（Walter Gropius）率領理念相同的學者，在威瑪創立藝術學院並極力推廣。這種理念自1919年藝術學校在威瑪成立後就備受矚目，對日後世界的建築理念也產生廣大影響。
🚶 P.120 🚇 從歌德廣場出發，沿Wielandstraße向南步行300公尺即可抵達（劇院廣場的正對面）。 🏠 Stéphane-Hessel-Platz 1 🕙 9:30~18:00 休週二 💲 成人€10、優待票€4~7，16歲以下免費。 🌐 www.klassik-stiftung.de

創校者葛洛普斯認為藝術可兼有「純粹美學」與「應用美術」，應打破「純粹」與「實用」間的藩籬，創造出新的風格。

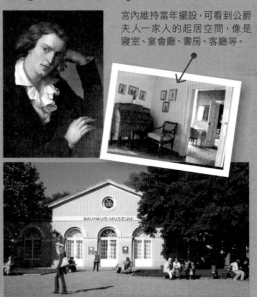

宮內維持當年擺設，可看到公爵夫人一家人的起居空間，像是寢室、宴會廳、書房、客廳等。

⑤ 市集廣場
Markt

市集廣場約莫在1300年便已存在，周圍有幾棟特別的歷史建築。路口白底綠紋建築物是從前的市議會，現在則是遊客中心。遊客中心隔壁門面色彩鮮豔、左右分為橙綠兩色的樓房，是克拉那訶(Lucas Cranach the Elder)晚年居所。廣場南側的大象旅館是威瑪最好的飯店，從1696年開業至今，接待過許多重量級人物；旅館入口處上方有個小陽台，據說希特勒就曾站在此發表演說。

🚶 P.120 🚗 從歌德廣場出發，沿Wielandstraße向南，於Geleitstraße向左轉，沿Geleitstraße前進，接上Windischenstraße再往前100公尺即可抵達，步行距離約500公尺。

這棟哥德式樓房是市政廳，原建於1396年，後來經過幾次大火損毀，現在看見的是於1841年所重建。●

⑥ 席勒故居
Schillers Wohnhaus

席勒(Friedrich Schiller)在德國文學史上地位僅次於歌德，他和歌德友好，也合作不少詩歌，重要的作品包括《陰謀與愛情》、《威廉·泰爾》等。他在1799年時搬到威瑪，並於1802年買下並入住這間小屋，直到去世。

今日參觀席勒故居，可感受到詩人當年生活的拮据——沒有太多裝潢外，連走廊都要用作女兒的睡房。由於席勒有3個小孩，為了能專心寫作，他的臥室與書房都位於3樓。

🚶 P.120 🚗 從歌德廣場出發，沿Wielandstraße向南靠左接Schillerstraße繼續向南前進即可抵達。步行距離約400公尺。 🏠Schillerstr. 12 🕐9:30~18:00 (11~3月至16:00) 休週一 💲成人€8，優待票€3~6，16歲以下免費。 🔄 www.klassik-stiftung.de

房間裡可看到他創作時的寫字檯，桌上還放著書寫用的筆墨，而剪刀則是修改文章時剪紙貼覆用的。

最讓藝術愛好者趨之若鶩的克拉那訶畫廊，作品以肖像畫和宗教藝術為主。

⑦ 威瑪宮博物館
Schlossmuseum im Stadtschloss

威瑪宮建於10世紀左右，是當時統治者家族居住的城堡，但17世紀城堡遭遇戰亂，原始部份僅剩南門前的塔樓底部。直到1789年，卡爾·奧古斯都指派歌德進行城堡重建計劃。今日宮殿內部成為威瑪地區最重要的博物館，1樓展出克拉那訶畫廊，克拉那訶是北方文藝復興時期的大師，重要作品都收藏在威瑪宮中。2樓展出與歌德同時期的古典浪漫主義畫家作品；3樓則是威瑪藝術學院創作的風景畫。

🚶 P.120 🚗 從歌德廣場出發，沿著Geleitstraße向東前進，接Eisfeld 和Vorwerksgasse繼續向東前進即可抵達。步行距離約500公尺。 🏠Burgplatz 4 🔄www.klassik-stiftung.de ❗目前整修中，暫停開放。

同場加映：離開柏林的周邊小旅行

⑧ 聖彼得保羅大教堂(赫德教堂)
Stadtkirche St. Peter & Paul (Herderkirche)

這座教堂現存的建築追溯到16世紀初，宗教改革時期，馬丁·路德曾在這裡傳播新教，他的好友克拉那可於1555年為他創作了三聯畫與祭壇，成為今日教堂最重要的寶物。祭壇聖畫中，十字架上基督的血所噴向的，正是克拉那可本人與他身旁的路德；而基督以看不見的利矛(即信仰)刺穿魔鬼，這種表現方式在其他人的畫作中也相當少見。

🖊P.120 🚌從歌德廣場出發，沿著Geleitstraße向東前進，接Eisfeld ，於Herderpl.向左轉即可抵達。步行距離約400公尺。 🏠Herderplatz ⏰週一至週六10:00~18:00(11~3月11:00~16:00)，週日11:00~12:00、14:00~16:00 💲免費

教堂外的雕像是18世紀末的哲學家赫德(Johann Gottfried Herder)，他曾擔任威瑪的宮廷牧師與教育總管，而他辦公的地方也在教堂裡。

⑨ 威瑪屋
Weimar Haus

於1999年開幕的威瑪屋，為德東地區第一個結合多媒體的現代化歷史博物館。在這裡可看到威瑪小鎮千年來的開發故事，和許多歷史名人如歌德、席勒、赫德、安娜．阿瑪莉亞等人的生平。在7個房間共500平方公尺的空間中，透過佈景、蠟像、影片、聲光特效等多媒體設施，將塑造威瑪歷史定位的幾個重要時刻，呈現在遊人眼前。

🖊P.120 🚌從歌德廣場出發，沿Wielandstraße靠左一路向南前進即可抵達；步行距離約400公尺。 🏠Schillerstr. 16 ☎(0)3643 901-890 ⏰週一至週五11:00~17:00，週六10:00~18:00，週日11:00~16:00 💲成人€9.5、優待票€5.5~8 🌐www.weimarhaus.de

門口的歌德雕像為遊客指出威瑪屋的位置。

小屋面積不大，但若加上伊姆河畔公園(Park an der Ilm)48公頃的範圍，那就很有得逛了。公園沿著伊姆河畔的步道長達1公里，是個絕佳的散步場所。

⑩ 歌德花園小屋
Goethes Gartenhaus

這座可愛的小屋可能建於16世紀，當1776年歌德初訪威瑪時，卡爾．奧古斯都將這棟花園別墅贈送給他。歌德親自整理了花園，有許多規劃形塑出今日的格局。1782年，歌德搬到城中豪宅，這裡仍是歌德經常流連的地方，也是進行個人創作的場所。歌德逝世後，仰慕者紛紛來此朝聖，政府也於1886年將這裡開放參觀。

🖊P.120外 🚌從歌德廣場向東南方穿過舊城區和公園即可抵達 🏠Park an der Ilm ⏰10:00~18:00(11~3月至16:00) 休週一 💲成人€7、優待票€3~5，16歲以下免費。 🌐www.klassik-stiftung.de

⑪ 布亨瓦德納粹集中營
Gedenkstätte Buchenwald

在納粹全面掌權後，距離威瑪約8公里處的布亨瓦德，還出現了德國歷史上最黑暗的納粹集中營。

在這裡，當年集中營時期的相關設施仍保存完整，可以看到禁閉室、毒氣室、槍決室等；這裡同時設置了紀念碑，追念喪生於此的人們。

🚊 P.120外 🚌 從歌德廣場或威瑪中央車站搭乘6號公車即達 ☎ (0)3643 430-200 🕐 紀念館展覽10:00~18:00（11~3月至16:00），歇館前30分鐘停止入場。 休 週一及12/24~/26、12/31、1/1 💲 免費。 🌐 www.buchenwald.de

德國中學教育中有安排參觀納粹集中營的課程，讓人了解與直視自己國家歷史的黑暗部分。

在集中營外一處小丘上建有一座高塔；走出集中營後，可以來此整理心情。

當年喪生於此的人的紀念詩碑。

後來卡爾·奧古斯都又在宮殿旁建了一座橘園（Orangerie），用來栽培存放國內外的奇花異草，卡爾本人也經常和歌德在此研究植物學，據說最盛時曾栽培了將近七千九百種植物。

⑫ 貝爾維德宮
Schloss Belvedere

約在1724~1748年間，公爵恩斯特·奧古斯都(Ernest Augustus I)在城南山丘上建了一座巴洛克風格的獵宮，這便是後來的貝爾維德宮；宮殿在他過世後荒廢，直到安娜·阿瑪莉亞掌權才重整。而位於宮殿西側的俄羅斯花園，則是由卡爾的兒子弗烈德里希(Karl Friedrich)所建，因他娶了沙皇之女帕芙洛娃女大公，為了一解妻子思鄉之情，因而將花園整建成俄羅斯風格。

宮殿現在則是間博物館，用來陳列展示17~19世紀的瓷器、彩陶、玻璃、傢俱等收藏。

🚊 P.120外 🚌 從歌德廣場或威瑪中央車站搭乘1號公車即達 🕐 4~10月10:00~18:00 休 週一 💲 成人€7、優待票€3~5，16歲以下免費。橘園免費參觀。 🌐 www.klassik-stiftung.de

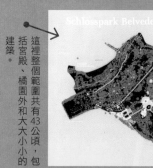

Schlosspark Belvedere

這裡整個範圍共有43公頃，包括宮殿、橘園外和大大小小的建築。

Did YOU KnoW

威瑪也很政治化？！

威瑪在世人心中的政治色彩其實很濃厚，最為人熟知的便是德國第一個民主政體：威瑪共和。而在納粹興起的最初階段，威瑪也是少數國社黨首先贏得選舉的地方。

當天來回實在太趕，不如乾脆留宿一晚

同場加映：離開柏林的周邊小旅行

\ 推薦4 /

距離柏林

位於柏林南方
距離約200公里

搭乘高速火車路程
2小時

奧古斯都像

MAP P.108, 126

德勒斯登
Dresden

如何前往

從柏林中央車站搭高速火車CE到德勒斯登中央車站(兩小時一班直達)，全程約2小時。

德勒斯登是德國最美麗的城市，嫵媚蜿蜒的易北河，穿越了兩畔風格迥異的新舊城區；數百年前波蘭王強人奧古斯都的雄心壯志，在此締造出薩克森王朝的宮廷氣魄！「易北河畔的佛羅倫斯」美名，成為它美麗的代名詞。徜徉在卡洛拉橋畔步道上，遠望古城，看不到太多屬於資本主義社會的摩登大樓；空氣中飄盪著的，盡是古典文化、音樂與藝術的迷人氣息。

城內的古建築大部分是依靠照片重建的，德勒斯登在二戰中的轟炸幾乎被夷為平地，是一座重生的城市。

德勒斯登

往卡爾梅博物館
Karl May Museum

Bahnhof Neustadt

往藝術廊街
Kunsthofpassage

往羅德伯格啤酒廠
Radeberger
Exportbierbrauerei

藝術工匠廊街
Kunsthandwerker Passagen

杉普歌劇院
Semperoper

易北河Elbe

茲溫葛宮Zwinger

Suitess

王宮
Residenzschloss

王侯馬列圖Fürstenzug

亞伯庭Albertinum

Taschenbergpalais
Kempinski

聖母教堂
Frauenkirche

Etap

往福斯汽車玻璃工廠
VW Die Gläserne Manufaktur

◉景點 Ⓗ住宿 ✝教堂 ⛪博物館 城堡
🚉火車站 ✚遊客中心 Ⓢ S-Bahn

往中央車站

○ 德勒斯登的市區交通

在德勒斯登中央車站與德勒斯登新城車站前，都有路面電車(Tram)經過，可通往城內熱鬧區域。德勒斯登大眾運輸工具主要有路面電車(Tram)、通勤火車(S-Bahn)和公車，而以路面電車最常被遊客使用到。這些交通工具使用共同車票。

⊕車票可在車站月台或上車購買

⑤(單位：€)

種類	成人	兒童
單程票(1小時內可轉乘)	3.2	2.1
一次購買4趟單程票	11.4	7.8
一次購買4趟短程票(4站以內)	7.5	
單人一日票(效期至隔日4:00)	8.6	7.2
家庭一日票(2位成人與4名兒童共用)	13.1	
團體一日票(可5位成人共用，使用範圍為VVO系統全域)	21.7	

德勒斯登城市卡 Dresden City Card

持有德勒斯登城市卡,可在效期內免費搭乘大眾運輸工具,在參觀景點、博物館、觀光行程,或是在特定餐廳、娛樂場所消費,皆可享有折扣優惠。目前城市卡只能在官網上購買,並自行列印出來,單人卡僅供個人使用,家庭卡可供2名成人與4名14歲以下兒童共用。

	單人	家庭
1日卡	€17	€21
2日卡	€24	€35
3日卡	€33	€45

Highlights:在德勒斯登,你可以去~

1 茲溫葛宮 Zwinger

巴洛克風情的茲溫葛宮,建於1710年。現在茲溫葛宮4個角落的大廳堂被規劃成博物館,分別為:古典美術館(Galerie Alte Meister)、陶瓷陳列館(Porzellansammlung)、軍事歷史博物館(Rüstkammer)和數學物理沙龍廳(Mathematisch-Physikalischer Salon),精采的展覽,值得花時間欣賞。而面對王宮的琴鐘樓上,40支麥森名瓷製作的白色鈴鐺,逢整點奏出清脆悅耳的樂聲!

📍P.126 🚊搭乘Tram 4、8、9至Theaterplatz站即達。Sophienstraße ☎宮殿(0)351 438-370-312、博物館(0)351 491-420-00 ⏰宮殿8:00~22:00、博物館10:00~18:00 休博物館週一休館 💲宮殿免費,4間博物館套票:成人€14、優待票€10.5,17歲以下免費。🌐www.der-dresdner-zwinger.de/de/dresdner-zwinger/ ❶茲溫葛宮正進行施工,部分區域會關閉。

獨特設計的花園噴水池,被四周雕飾繁華的廊道與樓亭圍繞著。

古典美術館裡有精彩的畫作收藏

護城河旁的王冠門,塔頂精雕細琢的鑲金冠亭,在亮黑圓頂的襯托下,格外耀眼!四座波蘭雄鷹雕塑捍衛著堡壘,畫家們特別喜歡到此取景。

麥森在淡黃底色的磁磚上,繪著灰黑線條,一片片拼出每位君主的英姿。

2 王侯馬列圖 Fürstenzug

這幅長達102公尺的宏偉壁畫,是1870年畫家威賀姆‧華特,以當時創新的斯格拉斐托灰泥刮畫繪法,畫下歷代35位統御過薩克森的選侯王與邊疆總督的群像,歷時約6、7年完成。

1904年,為了不讓作品遭風雨侵蝕,市府決定更換壁畫材質,交由昔日的御用瓷器工廠──麥森,請他們依原圖燒製磁磚,再將24,000片磁磚拼貼成原圖。

📍P.126 🚊搭乘Tram 4、8、9至Theaterplatz站下車,繞過教堂,沿Augustusstr.東行即達。

同場加映:離開柏林的周邊小旅行

同場加映：離開柏林的周邊小旅行

③ 王宮Residenzschloss

德勒斯登王宮採四翼殿堂包圍的格局，從15世紀末開始打造，然而18世紀初的一場大火，讓王宮風采一度殞落，幸好強人奧古斯都的出現，王宮得以再顯光芒。

王宮盛名有一部分是來自「綠拱頂寶庫」(Grünes Gewölbe)，它是現今德勒斯登備受歡迎的古代珠寶展覽館，裡頭有自1723年起，奧古斯都所收藏的奢華藝品。除了珠寶，王宮內的銅板畫陳列館、鑄幣室和藝術圖書館也值得一看。

🚶 P.126 🚇 搭乘Tram 4、8、9至Theaterplatz站即達。🏠 Taschenberg 2 ☎ (0)351 4914-2000 ⏰ 10:00~18:00(舊綠拱頂寶庫至19:00) 休 週二 💲成人€15 🌐 www.skd.museum ❶ 郝斯曼斯塔冬季不開放

整座王宮中，最醒目的就是高達100公尺的郝斯曼斯塔(Hausmannsturm)。

「綠拱頂寶庫」裡大多是象牙琥珀、寶鑽珠鍊與琺瑯彩鑲飾等。這些精雕細琢的的迷你人偶，反映當時工藝的超群！

④ 杉普歌劇院Semperoper

1841年，歌劇院在建築師杉普指揮下動工，落成後許多精彩歌劇在此上演；孰料1869年一場大火燒毀了劇院，隨後杉普再度投入重建工程，並起用自己的兒子來執行；1878年時，父子聯手成就了這座完美的音樂聖殿。

自杉普歌劇院開幕以來，德國名作曲家理查‧華格納和李察‧史特勞斯的諸多作品皆在此上演。如今劇院裡還陳列著史特勞斯的半身塑像，以表紀念。

🚶 P.126 🚇 搭乘Tram 4、8、9至Theaterplatz站即達。🏠 Theaterplatz 2 ☎ (0)351 491-1705 ⏰ 導覽行程45分鐘，出發時間會因歌劇院節目而變動，可先上網查詢並預約。💲導覽團成人€14、優待票€9 🌐 www.semperoper.de

杉普歌劇院山型建築的外觀均衡穩重，有著新文藝復興式的華麗美感。

L型工廠部門處理的是Phaeton房車最終的組裝作業，其運用電腦科技的全自動製造流程，是人們極其好奇的部分。

⑥ 福斯汽車玻璃工廠 VW Die Gläserne Manufaktur

福斯玻璃工廠的誕生，彰顯了德勒斯登在德國汽車工業裡的地位，和顛覆了人們對「製造業」與「工廠」的刻板印象。佔地8萬餘平方公尺的龐大結構體，採用了大量的玻璃建材，工廠內的組裝作業流程一覽無遺。雖然是汽車工廠，卻沒有任何與工業有關的汙染或噪音，取而代之的是乾淨俐落的建築風格。

🗺 P.126外 🚋 搭乘Tram 1、2、4、10、12、13至Straßburger Platz站即達。 🏠Lennéstr. 1 ☎(0)351 420-4411 ⏰9:00~18:30 休週日 💲成人€9，65歲以上€6，7歲以下免費。門票含45分鐘導覽，建議事先上網預約英文導覽團。🌐www.glaesernemanufaktur.de

⑤ 聖母教堂Frauenkirche

聖母教堂落成於1738年，完美的巴洛克外觀，讓許多藝術家為它提起畫筆，而由建築師貝賀(George Baehr)設計的圓頂尖塔，也成就易北河畔典雅的天際線。

但在1945年的空襲中，聖母教堂留下的僅剩兩面殘垣斷壁，直到1992年，市府才啟動重建計畫。2006年起，聖母教堂再度成為德勒斯登新地標，瞭望台也正式對外開放。

重建期間最重要的大事，莫過於千禧年時，英國捐贈了新的金色十字徽，而從殘骸中找出來的十字徽則珍藏於教堂內部，並對外展出。

🗺 P.126 🚋搭乘Tram 1、2、4至Altmarkt站下車，沿Wilsdruffer Str.東行，至Galeriestr.左轉，北行即達，全程步行約300公尺。 🏠Georg-Treu-Platz 3 ☎(0)351 6560-6100 ⏰教堂平日10:00~11:30、13:00~17:30(週六及週日可能因宗教活動而關閉)，塔樓3~10月週一~週六10:00~18:00、週日13:00~18:00，11~2月週一~週六10:00~16:00、週日13:00~16:00 💲教堂免費，塔樓成人€10、優待票€5，若參加塔樓導覽費用另計。🌐www.frauenkirche-dresden.de

教堂外觀是由灰黑和米白兩種石塊搭建而成：色澤較深的是背負著歷史歲月的原始建材，淺色的則為新採的砂岩石材。

上總見人們愉悅休憩。

寬敞的徒步區裡百花盛開，灰白雕像矗立的圓形廣場

⑦ 藝術工匠廊街 Kunsthandwerkerpassagen eröffnet

德勒斯登新城區的中央大道(Hauptstr.)，堪稱德勒斯登最美的街道之一，走進大道旁的樓廊拱門裡，便是藝術工匠廊街，裡面有些是做彩繪玻璃、金飾設計的店家，有些則是展售德勒斯登特產的高級瓷器，和經營二手骨董拍賣的商店，甚至還有地窖酒館。

如果再往三皇教堂(Dreikönigskirche)後頭的Königstr. 8號拜訪，朝日本宮的方向走著，還會發現另一座優雅的「國王廊街」。國王廊街於1996~1997年間規劃而成，與相鄰的Rähnitzgasse環圍，共築起購物殿堂。

🗺 P.126 🚋搭乘Tram 3、6、7、8、11至Albertplatz站即達。

Highlights：在德勒斯登，你可以去～

⑧ 羅德伯格啤酒廠
Radeberger Exportbierbrauerei

走進羅德伯格釀酒廠，那帶著歷史色彩的古老大門，依舊神采奕奕地與現代摩登的樓館結構融合為一。跟著導覽員，可一路參觀明亮寬敞的發酵室、嚴密安排的電腦控管中心、滿佈不銹鋼細管的生產廠房，與生產線末端的裝瓶中心；重頭戲是最後的品酒室，能讓你親嚐最新鮮的羅德伯格皮爾森啤酒！

🚋P.126外 🚃從德勒斯登中央車站，每小時有3班到Radeberg的火車，車程約22分鐘。出火車站後，沿Bahnhofstr.往北走約300公尺即達。 🏠Dresdner Str. 2, Radeberg ☎(0)3528 4540 ⏰前往參觀前需先上網預約導覽時段。 🌐www.radeberger.de

自1990年脫離鐵幕後，羅德伯格已經成為歐洲最現代化的釀酒廠之一，且晉身為德國前十大啤酒品牌。

⑨ 卡爾梅博物館
Karl May Museum

卡爾梅是位熱愛異國文化的學者，他畢生最大的成就，就是撰寫了相當多部以印地安文化為主題的小說；生動有趣的文筆，使他的著作譯成33國語言傳頌於世。

位在德勒斯登西邊的羅德柏(Radebeul)，是以出產葡萄酒著名的德東城莊，卡爾梅也曾居住於此。1928年在此成立的卡爾梅博物館，就是以卡爾梅的舊宅為館邸。自1985年起，開始展出他個人生平面貌和原版著作。

🚋P.126外 🚃搭乘S1至Radebeul-Ost站下車，出火車站後沿Sidonienstr. / Pestalozzistr.西行，至Schildenstr.右轉，再左轉Karl-May-Str.即達，全程約700公尺。 🏠Karl-May-Str. 5, Radebeul ☎(0)351 837-3010 ⏰10:00~18:00 休週一 💲成人€10、優待票€5~€8 🌐www.karl-may-museum.de

📖 羅德伯格皮爾森啤酒的誕生

由於捷克與德國薩克森邦為鄰，因此早在19世紀時，波西米亞皮爾森的白啤酒便傳入了德勒斯登。德國當地的酒商們品嚐了這氣息芬芳、帶點微甜微苦的佳釀後，決定自行研發製造，於是1866年，「羅德伯格皮爾森啤酒」就此誕生。

館藏以印地安文化為主，有多達八百五十件正統北美印地安文化的珍貴收藏品。

出發！航向
法蘭克福的偉大航道

從空中進入法蘭克福

法蘭克福機場(FRA)位於市區西南方12公里處，是德國最主要的大門，也是德國漢莎航空的基地之一，而從台灣也有華航的班機可以直達。機場有2個航廈，分為A、B、C、D、E五區，航廈間有免費的機場輕鐵(Skytrain)接駁。

🌐 www.frankfurt-airport.de

法蘭克福機場至市區交通

◎火車

在機場1航廈的地下層(B、C區附近)有兩個火車站，一個是長途火車站(Fernbahnhof)，一個是區域火車站(Regionalbahnhof)。在長途火車站可搭乘ICE、IC、EC等高速火車通往德國及歐洲各主要城市；而區域火車站則有S-Bahn的S8和S9前往法蘭克福中央車站，車程約11分鐘。若是持德鐵通行證，記得出了機場後要先到DB櫃台蓋章生效，才能搭乘火車。

◎巴士

許多大飯店都有提供免費的機場接送服務，建議在訂房時就先問清楚是否有提供此項服務。飯店機場巴士發車處在1航廈A區的入境大廳以及2航廈E區出境大廳外面。

◎計程車

在兩個航廈的入境大廳外面都有計程車候車站，乘坐到市區約需20~30分鐘。

💰 約€60~70

◎租車

在1航廈Level 1(入境)的A、B區，和2航廈Level 2(入境)的D區，可找到租車公司櫃檯。

從地面進入法蘭克福

鐵路

法蘭克福地理位置居中，德國鐵路網交會於此。必須注意的是，法蘭克福中央車站在德鐵系統中為Frankfurt (Main) Hbf，而法蘭克福機場車站為Frankfurt (M) Flughafen，在查詢班次時可不要搞混了。

從慕尼黑，每小時皆有一班ICE直達法蘭克福中央車站，車程3小時14分鐘；從柏林直達法蘭克福的ICE，也是每小時約有一班，車程4小時10分鐘；若是乘ICE在漢諾威轉乘，需時4小時12分鐘，在萊比錫轉乘，則需時4小時45分鐘。

📍 Am Hauptbahnhof, 60329 Frankfurt am Main

🌐 www.bahnhof.de/#station/18215

巴士

法蘭克福的長途巴士並不發達，最主要的車站在中央車站的南門。

📍 Am Hauptbahnhof, 60329 Frankfurt am Main

也可使用黑森邦票Hessenticket
進出法蘭克福

法蘭克福位於德國黑森邦，在黑森邦境內一日遊，可使用黑森邦票。邦票可用於乘坐各種區域性火車(也就是ICE和IC以外)的二等車廂，以及邦內各城市的所有大眾運輸系統，使用效期為平日9:00~隔日3:00、週末00:00~隔日3:00，購票時可指定使用日期，因此可提早購買黑森邦票，最多可5人共用，票價€41。

法蘭克福
行前教育懶人包

關於法蘭克福的住宿

住在法蘭克福中央車站

　　法蘭克福中央車站附近是最多人選擇的區域，這一區價位適中，交通方便，離主要觀光區不遠，機能也十分完善。車站前最熱鬧的Kaiserstraße，這裡有紅燈區和許多酒吧，雖然車站附近的巡警也相當多，晚上經過還是要保持一定的警覺心。

住在市中心

　　羅馬人廣場和采爾大道都位於這一帶，是最主要的觀光區，這一區的住宿價格相對較貴，大型的酒店大多在這，但可能一出門就是景點，非常方便，治安也是最好的。

住在美因河南岸

　　博物館河岸和老薩克豪森都位於這一帶，這裡交通也十分方便，較多的民宿和旅館，平均價格較為親民。

觀光優惠票券好用嗎

法蘭克福卡(Frankfurt Card)

　　持有法蘭克福卡可在期限內不限次數免費搭乘市區大眾交通工具，包括來回機場的交通在內。參觀博物館、景點、各類型行程時享有折扣，在指定餐廳或咖啡館用餐，亦有不同方案的優惠。

地點：可在遊客中心、機場、旅館等處購買。

票種	單人卡	團體卡
1日卡	€12	€24
2日卡	€19	€36

萊茵美因卡 RheinMainCard

　　持有萊茵美因卡可在2日效期內不限次數搭乘RMV系統範圍內各城鎮的大眾交通工具，以及區域性火車(不包含ICE、IC等長途火車在內)，參觀六十多處文化及娛樂場所皆可享有折扣優惠。萊茵美因卡可在遊客中心及旅遊局官網上購買，官網購買者，把收到的票卡列印下來即可使用；現場購買者，先給售票員填寫啟用日期後使用。

⑤個人卡€34，團體卡€55

法蘭克福的遊客中心在哪裡？

🌐www.visitfrankfurt.travel/services/tourist-information
◎羅馬人之丘
Tourist Information Office Römer
📍Römerberg 27
◎Tourist Information Höchst/Tabak & Presse Krämer
📍Antoniterstraße 22

其他旅遊相關資訊

氣候

　　本區屬於溫帶海洋性氣候，氣溫較為溫暖，年溫差與日溫差較小，但日照時數也相對較短。1月均溫約1.6℃，7月均溫約20℃，年雨量均勻，約在620mm以上。

若不幸發生緊急事故

◎緊急連絡電話

警察局：110或112

◎駐德國台北代表處法蘭克福辦事處

急難救助電話：(49) 151 1105 6641

法蘭克福地區節慶日曆

日期	節慶	備註
1月1日	元旦(Neujahr)	國定假日
復活節前的週五	受難節(Karfreitag)	國定假日
復活節後的週一	復活節後週一(Ostermontag)	國定假日
5月1日	國際勞動節(Tag der Arbeit)	國定假日
從復活節算起第40天	耶穌升天節(Christi Himmelfahrt)	國定假日
耶穌升天節後第10天	聖靈降臨節(Pfingstmontag)	國定假日
8月中	蘋果酒節(Frankfurter Apfelweinfestival)	持續一週，狂歡性質的嘉年華。
8月最後3天	博物館河岸文化節(Museums Riverbank Festival)	此區20間博物館延長開放至晚上，河岸上有各式的表演和文藝活動。
10月3日	國慶日(Tag der Deutschen Einheit)	國定假日
10月中	法蘭克福書展(Frankfurter Buchmesse)	持續5天，是全世界規模最大的書展。
12月24日	平安夜(Heiligabend)	中午起百貨、超市、餐廳、公司行號等陸續關門放假。
12月25至26日	聖誕節	國定假日

法蘭克福市區交通

大眾運輸工具

法蘭克福的大眾運輸系統是由RMV與VGF系統所構成,包括9條通勤電車(S-Bahn)、9條市區地鐵(U-Bahn)、10條路面電車(Tram)與42條公車路線。其中城區的Hauptwache、Willy-Brandt-Platz、Konstablerwache都是S-Bahn和U-Bahn的轉乘大站。

這些交通工具的車票皆可通用,轉乘非常方便。持有法蘭克福卡(Frankfurt Card)可在效期內任意搭乘,而持有德鐵通行證(Rail Pass)也可以搭乘同屬德鐵系統的S-Bahn。

⊕可在車站的自動售票機購買,公車票則可在公車上向司機購買。

⊕www.rmv.de、www.vgf-ffm.de。

短程票 Kurzstrecke

短程票的使用距離為2公里,在自動售票機和公車站牌上會顯示適用範圍。

⊕成人€2.25、優待票€1。

單程票 Einzelfahrt Frankfurt

單程票可使用於一次完整的旅程,意思就是旅程中可轉乘其他路線或交通工具,但路線不得重複,轉乘的間隔時間也不能相距太久。

⊕在市區範圍內(Zone 5000)成人€3.65、優待票€1.55。

單人一日票 Tageskarte

一日票效期為自購買起至當日營運時間結束,使用範圍為市中心地區Zone 5000。

⊕成人€7.1、優待票€3。

團體一日票 Gruppentageskarte

團體一日票最多可5人共同,使用規則與單人一日票相同。

⊕€13.6

計程車

在法蘭克福不得隨意在路邊招車,必須前往計程車站搭乘。計程車站大都位於重要景點、火車站與大飯店,也可請旅館櫃檯用電話叫車。

💶計程車起錶為€4,每公里跳錶€2.4,等待時間每小時€38。夜間另有加成。

有哪些卡可使用?

持有「法蘭克福卡」,可期限內任意搭乘市內大眾運輸工具(見P.132);持有「德鐵通行證」(見P.9)可搭乘同屬德鐵系統的S-Bahn;持有「黑森邦票」(見P.131)或週末票亦可在效期內不限次數搭乘邦內各種交通工具。

還有哪些觀光行程可選擇?

美因河游船(見P.145)和蘋果酒專車(見P.158)都是適合遊客參加的觀光行程,本書內文有詳細介紹,有興趣的人別錯過了!

環保計程車 Velotaxi

Velo是造型酷炫的人力計程車,在主要觀光區域常可看到,如果只想在市中心活動,是個不錯的代步工具。Velo可在路邊揮手招車,通常在豪普特瓦赫附近與采爾大道上的Galeria Kaufhof百貨公司前,是最容易叫到車的地點。

☎(0)69 7158-8855

🕙4~10月12:00~20:00

💶依距離議價:市區範圍內移動為€10起。依時間議價:30分鐘€26,1小時€46,2小時€86。電話叫車加收€2.5。

🌐velotaxi-frankfurt.de/

❗1.每輛最多乘坐2名乘客;2.建議用電話叫車較為保險。

觀光型交通工具
隨上隨下觀光巴士 Hop-On Hop-Off

由Gray Line營運的隨上隨下雙層露天觀光巴士,有兩條路線選擇:Express繞行市中心各大景點,總共停靠13個站點,Skyline除了市中心景點外,更繞行至動物園等地,全線有16站。車票效期皆為24小時。特色為車上有中文語音導覽。

📍從保羅教堂與羅馬人之丘發車

☎(0)69 400-502-010

🕙每日10:00~17:00間行駛

💶Express成人€19、優待票€11,Skyline成人€22、優待票€11

🌐www.frankfurt-sightseeing.com

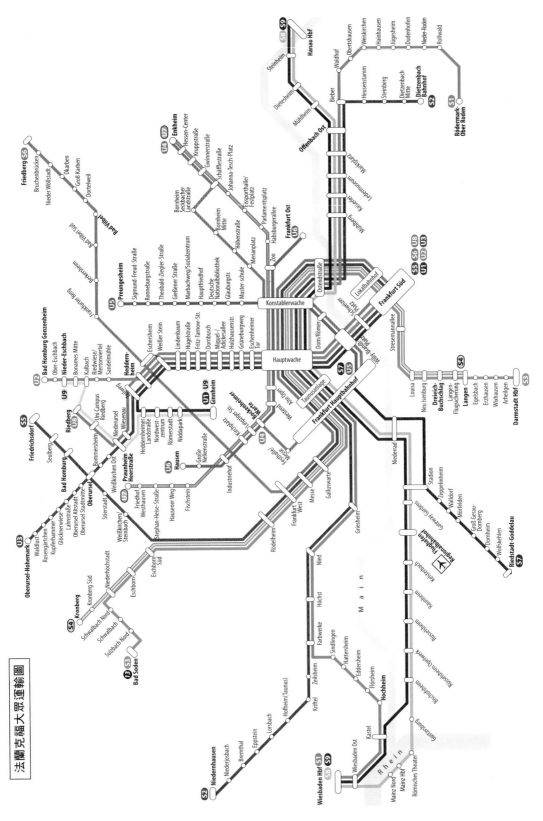

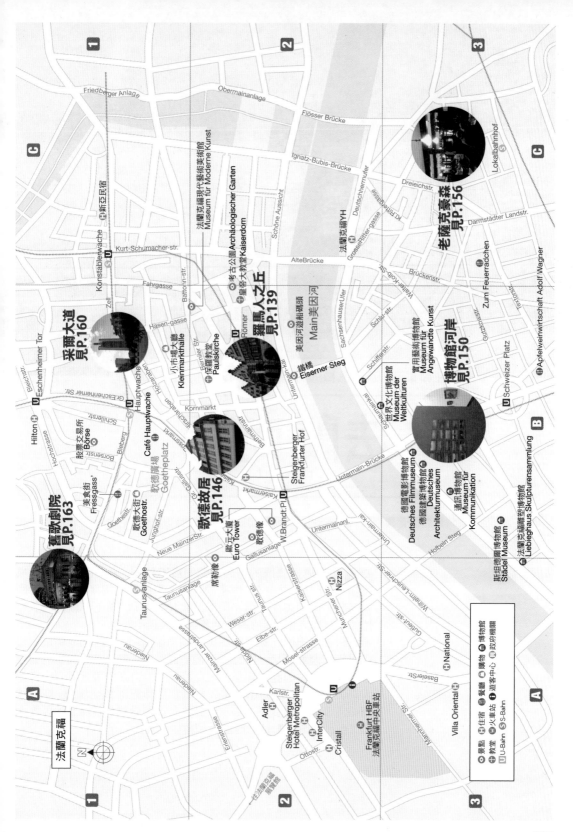

法蘭克福

N

Friedberger Anlage

Obermainanlage

Flösser Brücke

Ignatz-Bubis-Brücke

法蘭克福現代藝術美術館
Museum für Moderne Kunst

老薩克豪森
見P.156

Lokalbahnhof

Darmstädter Landstr.

Kurt-Schumacher-str.

新亞民宿

考古公園 Archäologischer Garten

皇帝大教堂 Kaiserdom

Schöne Aussicht

AlteBrücke

法蘭克福YH
Grosse-Ritter-gasse

Walter-Kolb-str.

Brückenstr.

Zum Feuerrädchen

Apfelweinwirtschaft Adolf Wagner

Konstablerwache

Fahrgasse

Zeil

Hasen-gasse

Battonn-str.

Römer

羅馬人之丘
見P.139

美因河遊船碼頭 Main 美因河

鐵橋 Eiserner Steg

Sachsenhäuser Ufer

Deutschherrnufer

Dreieichstr.

Schulstr.

實用藝術博物館
Museum für
Angewandte Kunst

博物館河岸
見P.150

Schweizer Platz

采爾大道
見P.160

Eschenheimer Tor

Hauptwache

小市場大廳
Kleinmarkthalle

Liebfrauenberg

保羅教堂
Paulskirche

Kornmarkt

Berlinerstr.

Untermain-kai

Schifferstr.

世界文化博物館
Museum der
Weltkulturen

Schaumainkai

Hilton

股票交易所
Börse

Bleibergasse

Café Hauptwache

Goetheplatz

美食街
Fressgass'

歌劇廣場

Untermain-Brücke

德國電影博物館
Deutsches Filmmuseum

德國建築博物館
Deutsches
Architekturmuseum

通訊博物館
Museum für
Kommunikation

舊歌劇院
見P.163

Steigenberger
Frankfurter Hof

歌德故居
見P.146

Kaiserhof

W.Brandt-Pl.

Hofbein Steg

斯坦德爾博物館
Städel Museum

法蘭克福雕塑博物館
Liebieghaus Skulpturensammlung

Goethostr.

Junglhof-str.

歌德大街
Goethestr.

歐元大廈
Euro Tower

歌德雕像

Untermainanl.

Untermain-kai

Neue Mainzer Str.

Gallusanlage

席勒雕像

Schiller-str.

Nizza

Wilhelm-Leuschner-Str.

National

Taunusanlage

Taunus-anlage

Weser-str.

Elbe-str.

Mosel-strasse

Gutleutstr.

Baselerstr.

Villa Oriental

Mainzer Landstrasse

Niedenau

Adler

Karlstr.

Steigenberger
Hotel Metropolitan

InterCity

Cristall

Ottostr.

Frankfurt HBF
法蘭克福中央車站

Münchener Str.

Mannheimer Str.

法蘭克福應用展覽館

○景點　⊕教堂　○餐廳　○購物　●博物館
Ⓤ U-Bahn　⑤ S-Bahn　Ⓗ住宿　⊙遊客中心　Ⓡ政府機關

⊙景點　⊕教堂　○餐廳　○購物　●博物館
Ⓗ住宿　■餐廳　○遊客中心　■政府機關
Ⓤ U-Bahn　⑤ S-Bahn　⊞火車站

和蘋果酒一樣讓人微醺，陶醉在美因河畔的文藝氣息

法蘭克福
Frankfurt

法蘭克福是獨特的，像一本書，每天閱讀它都有不一樣的感受。」
~Eva Demski《Frankfurt ist anders》

法蘭克福
Frankfurt am Main

法蘭克福是德國的空中玄關與鐵路樞紐，因此自然而然發展成世界金融中心，也是德國摩天高樓最為密集的城市，於是人們對於法蘭克福總離不開商業繁忙的印象，路上到處都是匆匆忙忙的商務人士，緊湊的生活步調讓人喘不過氣。

不過只要走出櫛比鱗次的高樓不到兩個街區，會驚訝地發現法蘭克福原來還藏著另一種截然不同的面貌。羅馬人之丘廣場的周圍盡是古色古香的歷史建築物，美因河悠閒的流水帶著輕划小舟的人們緩緩而過，博物館河岸收藏著數百年來的藝術瑰寶，在老薩克森豪森的街邊坐下，點一杯法蘭克福招牌的的蘋果酒，真教人忘了自己身處在繁忙的國際大都會中。

138

一座別具歷史意義的廣場，
來法蘭克福先來找老靈魂拜碼頭～

王牌景點 ❶

羅馬人之丘廣場中央是
正義女神雕像，周圍環
繞著德國中部最具特色
的歷史建築。

法蘭克福：羅馬人之丘

MAP
P.137
B2

羅馬人之丘
Römerberg

造訪法蘭克福理由

1 法蘭克福的舊城中心

2 周遭不少名勝古蹟，皆近在咫尺步行可達。

3 可順道欣賞美因河畔美景和體驗遊河

 帝王廳會因進行活動而關閉

羅馬人之丘廣場是老城的中心，當選帝侯們在皇帝大教堂選出皇帝後，便一起來到廣場上市政廳中的帝王廳(Kaisersaal)慶祝。這段期間內，從廣場噴泉中流出的並不是水，而是葡萄酒，也成為平民們的狂歡慶典。今日來到市政廳，會被帝王廳中掛滿四壁的帝王全身畫像吸引，一共52位神聖羅馬帝國皇帝環立於此。這些畫作約繪於1838~1852年，且歷經二次大戰炮火卻毫髮未損。

◎U-Bahn：
搭乘U4、U5
至Dom/Römer站
即達

至少預留時間
隨意逛逛拍照
1小時
周遭景點一網打盡
3~5小時

帝王廳 Kaisersaal Im Römer
⌂市政廳內
☎(0)69 2123-4920
⏰每日10:00~17:00
❶活動進行時不開放

怎麼玩
羅馬人之丘
才聰明？

留意開放時間

皇帝大教堂及博物館、塔樓的開放時間不一樣，請注意確認。

鎖住愛情的鐵橋 歐洲很流行情侶在橋上留下一個鐵鎖，象徵愛情的堅定，**羅馬人之丘廣場**附近的鐵橋也不例外！

外觀並不雄偉華麗的保羅教堂，在德國政治史上的意義讓它在人民心目中地位歷久不衰。

皇帝大教堂是神聖羅馬帝國選舉皇帝和舉行加冕儀式的地方。

不管來幾次！
來到法蘭克福豈能不到老城中心走一圈！

市政廳

最宏偉的三連棟山牆式建築便是法蘭克福的市政廳，因為中間那棟過去曾是羅馬商人的宅第，因而名為「Römer」。15世紀時，政府將Römer連同左右整排樓房買下而成為市政廳。

正義女神

廣場中央是正義女神雕像，正義女神源於古羅馬，在日耳曼民族的文化中一直扮演著公平、正義的代表。

法蘭克福命名之由來——好厲害的渡口！

法蘭克福的命名其實與法蘭克皇帝卡爾大帝(Karl der Große，也稱查理曼大帝)有關。約在794年時，卡爾大帝在一次衝突中打了敗仗退到美因河畔。由於無法得知河道深淺不敢渡河，正在猶豫時看到一隻鹿輕易涉水而過，卡爾大帝便也跟著揮軍渡河，局勢轉危為安。

為了感念這段靠渡口順利逃難的經歷，他便把此地寫為「法蘭克人的渡口」(其中Frank指的便是法蘭克人，而furt是渡口的意思)，並從此賜名此地為「法蘭克福」(Frankfurt)。

©visitfrankfurt_Holger-Ullmann

©visitfrankfurt_Holger-Ullmann

老尼古拉教堂

廣場南邊有座建於1290年的老尼古拉教堂(Alte Nikolaikirche)，是過去市議員及其家屬們專用的教堂，其梯型的屋頂是當時法蘭克福流行的建築風格。

法蘭克福：羅馬人之丘

延伸行程

看完選帝和加冕之所，再到美因河吹風賞景，今天行程無極限！

從U-Bahn Dom/Römer站到這裡步行不到200公尺可達

大教堂經過數次重修，德國的藝術家們將才華運用在教堂裝飾上，聖壇、浮雕、油畫、回廊，顯耀了皇帝的威名。

帝舉行加冕儀式的地方，大教堂更成為帝國皇
1562年起，因此皇帝大教
堂便逐漸成為人們對它的稱謂。

皇帝大教堂
MAP P.137 B2
Kaiserdom

如何前往

◎由羅馬人之丘廣場沿Bendergasse向東步行3分鐘即可抵達

Info

◎大教堂

⌂Domplatz 1　☎(0)69 2970-320　◷每日9:00~20:00　⑤免費　⊕www.dom-frankfurt.de

◎大教堂博物館

◷週二至週五10:00~17:00 、週六、週日11:00~17:00

⊗週一　⑤依展覽而訂　⊕dommuseum-frankfurt.de

◎登塔頂

◷4~9月週二至週五10:00~18:00 、週六、週日11:00~18:00；10~3月週二至週五10:00~17:00、週六、週日11:00~17:00　⊗週一　⑤成人€3，優待票€2

　大教堂原名聖巴洛繆教堂(St. Bartholomäus)，是13世紀時人們為了紀念耶穌十二使徒之一的聖巴洛繆而建。雖然這座教堂從未有過紅衣主教駐留，卻在歷史上占有重要地位。1356年，在神聖羅馬帝國皇帝卡爾四世頒布的「金璽詔書」中，明定皇帝須從7位選帝侯中選出，而選舉皇帝的場所，就在這間教堂的密室裡。

考古公園
MAP P.137 B2
Archäologischer Garten

如何前往

◎位於皇帝大教堂前

Info

⌂Bendergasse 3

　在大教堂的前面有個考古公園，這是在1953年出土的古代遺址，較低的殘垣是1世紀時的古羅馬浴池基石，9世紀時法蘭克王國的虔誠　者路易在這裡建立堡壘，現在看到的遺址大部分都是那時所留下的。

保羅教堂
Paulskirche

MAP P.137 B2

如何前往
◎由羅馬人之丘沿Römerberg向北走，於Paulspl向左轉，於Paulsplatz右轉即可抵達。距離200公尺，步行3分鐘即可。

Info
⊕Paulsplatz
🕙10:00~17:00
💲免費

保羅教堂建於1789~1833年，是棟古典主義式教堂。受到1848年革命影響，來自日耳曼地區議員們齊集法蘭克福，並在保羅教堂召開第一次國民議會，這是德意志民族對民主政治第一次嘗試，但因意見分歧，加上國王威廉四世不願接受由民主選出的皇位，最後在軍隊介入下解散。

這個議會仍在1849年制定出德意志第一部憲法，有相當多條文被移入威瑪憲法裡，並仍能於現在憲法中尋著蹤影。因此有人形容保羅教堂是德國民主的搖籃。

由於建築造型為三角形而被暱稱為「蛋糕切片」的本館。

visitfrankfurt, Holger-Ullmann

德國當代藝術家Carsten Fock2010年的作品——《The Devil auf Kosmos der Angst》。

Museum für Moderne Kunst Frankfurt am Main

收藏品大多是60年代美國與歐洲的後現代藝術作品。

現代藝術大師卡爾·安卓的作品，簡潔的線條和結構是他的標誌。

法蘭克福現代藝術美術館
Museum für Moderne Kunst Frankfurt am Main

MAP P.137 B2

如何前往
◎從羅馬人之丘廣場向東步行200公尺，抵達皇帝大教堂後向北再步行200公尺即可抵達。
◎搭乘U4、U5至Dom/Römer站下車，沿Domstraße北行即達；或S1-S6至Konstablerwache站下車，再沿Fahrgasse南行即達。

Info
⊕Domstraße 10
☎(0)69 2123-0447
🕙10:00~18:00(週三至20:00)
💲美術館+ Zollamt聯票成人€12、優待票€6；美術館+ ZOLLAMT +Tower{TaunusTurm}聯票成人€16、優待票€8。
🌐www.mmk.art

這座美術館開館至今已超過20年，最初的收藏品來自一位企業家的捐贈，包括安迪·沃荷(Andy Warhol)的普普藝術，與卡爾·安卓(Carl Andre)的極簡抽象派藝術等。

美因河
Main

MAP P.137 B2

法蘭克福的全名為「美因河畔的法蘭克福」(Frankfurt am Main)，因為在原本的東德也有一個名為法蘭克福的地方，因此在統一後加上城市附近的河流以示區分。

美因河為這個以金融、展覽、運輸而聞名的大都會增添了一份柔謐，河的兩岸可以散步、運動，臨河也有露天咖啡座，是個絕佳的賞景休憩點。

河上的橋則是眺望法蘭克福摩天大樓群的絕佳觀景點

河上最有名的橋是鐵橋(Eiserner Steg)，這是一座建於1869年新哥德式的橋。

步行橋上不時有街頭藝人獻藝，過橋後便是博物館河岸。

1 美因河遊船
Rundfahrt in Frankfurt

美因河是法蘭克福人的驕傲，遊人來此一定會在河畔欣賞河水的明媚風光，也可來到鐵橋搭乘美因河上的遊船。遊船航行範圍在Gerbermüble與Griesheim之間（約西港口大廈與美因廣場之間），從鐵橋順游至Griesheim與逆游至Gerbermüble各為50分鐘，順游與逆游班次交錯，因此也可一次買100分鐘的船票。
▲P.137B2 ♨從羅馬人之丘廣場、市政廳前向南步行200公尺即可抵達；或搭乘U4、U5至Römer站，步行約5分鐘即達。 ✿售票處及碼頭Mainkai（美因河北岸鐵橋旁） ☎(0)69 133-8370 ⊙每日詳細出發時間請上官網查詢 💲100分鐘€18，50分鐘€14.5，6~14歲€9。 ⓦwww.primus-linie.de

每日最後一班只售50分鐘的船票

2 歷史蒸汽火車
Frankfurt Historische Eisenbahn

歷史蒸汽火車是由法蘭克福歷史鐵道協會所經營的。如果覺得有趣，何不立刻買票上車，體驗前人坐著老火車穿越城市的感覺；在車上其中最後一節車廂是餐車，可一邊吃著東西，一邊享受窗外的風景。
▲P.137B2 ♠上車處在美因河北岸的鐵橋旁 ☎(0)69 436-093 ⊙蒸汽火車一年之中只有幾天行駛，詳細車次及日期請參見官網。 ⓦwww.frankfurt-historischeeisenbahn.de

和美因河的遊船一樣，火車依班次不同，有Griesheim(西行)和Mainkur(東行)兩種方向。

漫步在美因河道旁，可能會聽見火車的汽笛聲，接著看到一列彷彿在電影中才會看到的古董蒸汽火車，吐著濃濃白煙從身邊緩緩駛過。

同時坐擁美食美景，人生有什麼好挑剔的！

Zum Standesämtchen

德式料理

這家店開設在羅馬人之丘廣場東側一棟歷史悠久的古老建築內，建築本身就是重要景點。除了精緻傳統餐點外，這裡最大的享受就是可一面用餐，一面欣賞老城區裡最優美的角落。尤其是夏天，餐館會在廣場上擺起露天桌椅，在羅馬人市政廳、東側老屋、老尼古拉教堂、正義女神噴泉的圍繞下享用美食，還有什麼可挑剔的？
▲P.137B2 ♨搭乘U4、U5在Dom/Römer站下車，

位於羅馬人之丘廣場上，市政廳的對面。 ♠Am Römerberg 16 ☎(0)69 282-999 💲主菜約€14~26 ⊙10:00~24:00 ⓦwww.zum-standesaemtchen.de/

Schnitzel Frankfurt Style
法蘭克福豬排
$16.9
推薦菜

到一代文豪家看看，
這裡連旁邊的小巷子都很文青～

法蘭克福：歌德故居

©visitfrankfurt_Holger-Ullmann

雖然這裡在二次大戰時曾化為瓦礫，但據說戰後重建歌德故居時，與原本的擺設一模一樣，連房舍的建築技術也完全仿古。

◉ MAP P.137 B2

歌德故居
Goethe-Haus

浪漫主義大文豪歌德(Johann Wolfgang von Goethe)1749年8月28日就誕生在這棟建築物裡，他在這裡生活了26年，並完成包括《少年維特的煩惱》在內的早期作品。

歌德的成長軌跡在這裡都可以一一尋訪，他誕生的房間、2樓的音樂室、撰寫《少年維特的煩惱》的房間等，都保持著原本的風貌。就算沒有讀過歌德的書，這座原貌重現的老屋，也可以讓人一窺18世紀富裕階級的生活。

造訪歌德故居理由

1 朝聖大文豪歌德住過的地方，書迷不可錯過。

2 近距離觀察18世紀富裕家庭生活樣貌

3 至今連屋旁的小巷子都保持著文雅氣息，讓人完全沈浸在歌德的古典文學世界。

 同行若有6歲以下孩童，免費喔！

歌德誕生於富裕的家庭，屋內擺設、使用的物品和餐具，都很精緻。

怎麼玩歌德故居才聰明？

非無障礙空間 畢竟是過去的屋舍，歌德故居**不是無障礙空間**：同行有行動不便的人，或是老人家和嬰幼兒，就只能參觀1樓了！

預約導覽

有興趣的人可上官網預約**專人導覽**，深度探索歌德故居。

ℹ 🏠Großer Hirschgraben 21 (0)69 138-800 🕙10:00~18:00 (週四至21:00) 💲成人€10，優待票€3~6，6歲以下免費。 🌐frankfurter-goethe-haus.de

🕐 至少預留時間 隨意逛逛拍照 1小時 每個樓層都仔細逛 3小時

 ◎U-Bahn：搭乘U1-3、U6-8至Hauptwache站下車，沿Katharinenpforte南行，右轉K. Hirschgraben，過一個路口後即達。
◎S-Bahn：搭乘S1-6、S8-9至Hauptwache站下車，沿Katharinenpforte南行，右轉K. Hirschgraben，過一個路口後即達。

離歌德故居僅5分鐘路程的歐元大廈，是歐元的發行地。

零距離，走進大文豪的書房！

1F 廚房裡的爐灶當時是只有有錢人家才有的，餐廳氣氛溫馨，很適合聚餐。

2F 洛可可風格的沙龍是接待客人的地方，中國風的牆紙和暖爐看得出歌德一家對中國文化的嚮往。音樂廳則是歌德練琴的地方。

4F 歌德的房間，著名的《少年維特的煩惱》和《浮士德》的初稿都是在這裡完成的。

3F 母親的房間有歌德雙親和他本人的肖像、父親的房間有許多的藏書。

歌德博物館

展出歌德的肖像畫、他親筆撰寫文章和一些他使用過的東西。

最經典的歌德肖像畫是這幅！

法蘭克福因是歌德的出生地，而與有榮焉；而歌德的畫像又以一幅放在斯坦德爾博物館內(見P.152)最為著名，這是畫家蒂施拜恩(Tischbein)在兩人於1787年同遊義大利時，為歌德畫下的作品《歌德在羅馬平原》(Goethe in Der Römischen Campagna)，畫中的歌德身體斜躺著，若有所思的目光直視遠方，背後則是古羅馬留下的斷壁殘垣和蒼茫暮色；這些毀壞的景象，正是德國浪漫思潮與廢墟畫派中想提示世人們──萬物難有永恆存在，進而要珍惜現在，把握時光。

法蘭克福‧歌德故居

過乾癮也好！巨大「€」只能近看不能進口袋～

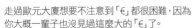
MAP
P.137
B2
歐元大廈
Euro Tower

如何前往
◎由歌德故居沿Kaiserstraße向西步行5分鐘即可抵達
◎搭乘U1-5、U8至Willy-Brandt-Platz站即達。

Info
🔾Kaiserstraße 29

　　為甚麼會有個如此巨大的「€」在這裡？其實非常明顯，因為在它背後的大樓就是歐洲中央銀行總部，流通大半個歐洲的貨幣——歐元，就是在這棟大樓裡發行及控管的。因此，許多遊客來到法蘭克福都會在這裡與「€」合照，雖然對於增加荷包中的歐元並沒有實值上的幫助，不過，過過乾癮也好。

走過歐元大廈想要不注意到「€」都很困難，因為你大概一輩子也沒見過這麼大的「€」了。

Did YOU KnoW

不是只有銅臭味，中央銀行也可很文青！

有「歐洲銀行之母」之稱的歐洲中央銀行(European Central Bank)，其實常借舊歌劇院舉辦重要活動(如2008年的十週年慶祝)，還與德國聯邦銀行(Deutsche Bundesbank)發起「歐洲文化日」(European Cultural Days)，從2003年至今，每年更以不同歐盟國家為主軸，在為期6週的期間，舉辦古典交響樂、電子音樂、現代舞劇場、當代藝術、文學等一系列節目。

法蘭克福：歌德故居

歐元大廈以北就是法蘭克福著名的摩天大樓群，最高的❶商業銀行(Commerzbank)有249公尺高，而200公尺高的❷美因大廈(Main Tower)上則有展望台及觀景台開放給遊客參觀。

給你滿滿的大平台，
德國博物館最密集區域全進擊！

法蘭克福：博物館河岸

> 通訊博物館訴說著通訊設備發展的歷史，有許多互動式的展件，娛樂性強，很吸引人。

TribuT

造訪博物館河岸理由

1 滿滿的文藝氣息配上美因河岸美景，CP值超高！

2 多個願望一次滿足，博物館控來這裡就對了。

3 如果買了博物館聯票，在這裡使用會超有感。

MAP P.137 B3

博物館河岸
Museumsufer

　　從羅馬人之丘過了鐵橋之後，便是著名的博物館河岸，在短短1公里的距離內就有12家博物館，幾乎每走幾步路就有一家，堪稱德國博物館最密集的區域。這裡的博物館不但主題五花八門，等級也相當具有水準，是法蘭克福最重要的旅遊景點。

除非你只打算參觀1、2間博物館，不然強烈建議購買博物館聯票，而且這張票可使用於市區共39間博物館，只是購買時不適用於法蘭克福卡的折扣優惠。

博物館聯票 如前所述，來這裡最好買一張博物館聯票，幾乎只要參觀1、2間博物館，就值回票價了。

避開週一前往

德國建築博物館是全歐洲研究建築與建築史的最好去處

避開週一前往：這裡每家博物館都於週一休館，千萬別挑這天前往以防撲空。

優先選擇

◎U-Bahn：搭乘U1-3、U8至Schweizer Platz站下車，沿Schweizer Str.北行即達。

🛈Schaumainkai
💲博物館聯票成人€21、優待票€12。

如果時間有限，無法一次看完所有博物館，自己也沒有對哪個主題特別有興趣，那可以建議你先看人氣最高的德國電影博物館和展出內容超豐富的斯坦德爾博物館。

至少預留時間
挑1、2間喜歡的逛逛：2小時
全部看完：1天

實用藝術博物館所陳列的大都是古往今來的傢俱用品或器皿工具。

151

博物館控的最愛，7座博物館一次滿足！

MAP
P.137
B3

斯坦德爾博物館
Städel Museum

info

⌖ Schaumainkai 63

☎ (0)69 605-098-200

🕙 10:00~18:00 (週四至21:00) 🚫週一

💲成人€16、優待票€14，週六、日及假日成人€18、優待票€16；12歲以下免費。

🌐 www.staedelmuseum.de

　1815年，銀行家斯坦德爾捐出500多幅珍藏的畫作和一筆資金，成立了斯坦德爾藝術基金會。時至今日，斯坦德爾博物館已成為法蘭克福收藏量最豐富的博物館。這裡的收藏包括了文藝復興時期的包提切利、杜勒、范艾克、北方文藝復興時期的林布蘭、魯本斯、維梅爾、法國印象派的莫內、馬內、雷諾瓦、竇加、梵谷、塞尚、立體派的畢卡索、野獸派的馬諦斯、藍騎士的克里等人的著名畫作。

如果你是繪畫藝術愛好者，一定會在這裡耗上大半天，因為館藏太豐富。

法蘭克福：博物館河岸

德國Altenberg修道院的祭壇裝飾

歌德最有名的一張肖像畫，由他的好友蒂施拜恩所繪的《歌德在羅馬平原》(Goethe in the Campagna)，正是收藏在這間博物館中。

莫內的《午餐》(The Lunch)

雷諾瓦的《早餐》(Breakfast)

馬內的《槌球聚會》(A Game of Croquet)

實用藝術博物館
Museum für Angewandte Kunst

MAP P.137 B2

info

⌂Schaumainkai 17

☎(0)69 2123-4037

🕐10:00~18:00(週三至20:00)　休週一

💰成人€12、優待票€6，18歲以下免費，每月最後1個週六免費。

🌐www.museumangewandtekunst.de

　　所謂實用藝術指的就是可以使用於日常生活中的藝術品，而不僅止於觀賞的對象而已，因此博物館中所陳列的東西從古代文物、中世紀書籍設計，到西方巴洛克時代的傢俱擺設都有，收集非常齊全。

這裡展現了設計者豐沛的創意，就像是在逛一間10年後的IKEA一樣。

其中最令人感到新奇的，便是21世紀的新潮傢俱，例如設計成棒球手套模樣的沙發等。

館內收藏還包括古代遠東地區的陶瓷器皿

這類博物館不只重觀賞，更強調實用性。

法蘭克福雕塑博物館
Liebieghaus Skulpturensammlung

MAP P.137 A3

info

⌂Schaumainkai 71　☎(0)69 6050-98200

🕐週二、三12:00~18:00，週四10:00~21:00，週五至週日10:00~18:00

休週一

💰成人€8、優待票€6，12歲以下免費。

🌐www.liebieghaus.de

　　法蘭克福雕塑博物館的館藏品年代已涵蓋了5,000年，從古希臘的諸神雕像、羅馬皇帝的半身肖像、中世紀的教堂雕飾，一直到文藝復興、巴洛克、洛可可、古典主義時代的作品，都有豐富的展品陳列。當然，這其中也不乏名家如提姆‧史奈德(Tilman Riemenschneider)、格哈爾特(Nikolaus Gerhaert)、波隆那(Giambologna)、德拉‧羅比亞(Della Robbia)等人的傑作。

法蘭克福雕塑博物館原為紡織工廠廠主里彼各男爵的私宅，1909年開始成為專門收藏雕塑品的展覽館。

波隆那的傑作《觀景殿的阿波羅》

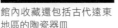

這件作品描寫的是慘烈的波希戰爭

館藏也包括古埃及的石棺

法蘭克福：博物館河岸

德國電影博物館
Deutsches Filmmuseum

MAP P.137 B3

info

🏠 Schaumainkai 41

☎ (0)69 9612-20220

🕐 10:00~18:00

🚫 週一

💶 成人€6、優待票€3，6歲以下兒童免費。

🌐 www.dff.film

德國電影博物館的主題並不是針對個別電影的回顧，而是一個可讓遊客進入電影世界中的地方。或許在科技發達的現代，有些拍攝手法已過時，但技術的演進並非一蹴而成的，透過這些展品，還是讓人不得不佩服當時人們，一次又一次為電影帶來的革命性變化。

藉由實際操作，像是轉動畫片與透視鏡像，來理解電影製作原理，並達到互動趣味。

要怎麼變成科學怪人呢？看看化妝師如何化腐朽為神奇！

遊客可走進佈景中，看見自己出現在電影場景裡，或是腳踏飛天魔毯，在螢幕中飛越城市上空。

看著五花八門的道具與器材，佩服製片家們在那個時代想出的種種方法。

這座由唯理主義建築師Oswald Mathias Ungers所設計的博物館，本身就是件藝術品。

1樓展示世界新都會的建築模型

2樓是裝置藝術展覽

3樓有數十座精緻的立體建築模型，從舊石器時代人類最初的建築雛型，一直到21世紀的摩天大廈。

德國建築博物館
Deutsches Architekturmuseum DAM

MAP P.137 B3

info

🏠 Schaumainkai 43 ☎ (0)69 2123-8844

🕐 週二、週四、週五12:00~18:00（週三至19:00），週六、日11:00~18:00

🚫 週一

💶 成人€5、優待票€3，18歲以下免費。

🌐 www.dam-online.de

「讓建築學成為一個公眾議題吧！」1979年德國建築博物館的籌劃者們如是說，而在5年後的1984年，他們真的做到了。30幾年來，德國建築博物館已被公認為世界上同類型的博物館中最傑出的一個，欣賞完後總讓人看得大呼過癮。

通訊博物館
Museum für Kommunikation

info

📍Schaumainkai 53

📞(0)69 606-00

🕐10:00~18:00 (週三至20:00)

休週一

💲成人€8、優待票€2~4，5歲以下免費。

🌐www.mfk-frankfurt.de

　　在整條博物館河岸中，通訊博物館必定是最受孩子們歡迎的一間，因為裡頭有專門為孩子設計的實用作坊。博物館的地下室為常設展區，2樓是特展區，會經常性地更換展出主題，讓遊客每次參觀都有新鮮感。

有各種電話、電視、收錄音機、留聲機、電報機、郵車、手機、電腦等，年代從發明伊始的老古董到新穎的3C科技產品都有，構成一張通訊設備的家族譜系。

有些設施還可實際操作，例如透過撥打電話來觀察交換機的運作情形。

實用作坊可讓小孩在操作與遊戲中理解通訊的原理

法蘭克福：博物館河岸

世界文化博物館
Weltkulturen Museum

info

📍Schaumainkai 29-37

📞(0)69 2123-1510

🕐11:00~18:00 (週三至20:00)

休週一、週二

💲博物館成人€7、優待票€3.5，18歲以下免費

🌐www.weltkulturenmuseum.de

　　世界文化博物館希望人們透過對異文化的了解，打破本位主義，促進各民族間的包容性。

而博物館隔壁的37號藝廊，是展出各民族藝術作品的美術館，其中以非洲、美洲及太平洋島嶼土著藝術品為大宗。

© Museum der Weltkulturen

世界文化博物館的前身即為民族學博物館，展示世界上超過180種不同的文化型態。

館內展出的民俗文物，解釋各民族如何在不同環境下，演變出不同的習俗傳統與生活模式。

法蘭克福家鄉味，來這裡，
蘋果酒也可以盡情呼搭啦～

©visitfrankfurt_Holger-Ullmann

老薩克森豪森
Alt Sachsenhausen

MAP
P.137
C3

©visitfrankfurt_Holger-Ullmann

老薩克森豪森是位於美因河對岸的老街區，保留著法蘭克福往昔的風味。街區內有超過120家酒吧，提供當地最具代表性的飲料——蘋果酒，是一處適合放慢腳步、品嚐美食的地區。

◎S-Bahn：
搭乘S3-6至Lokalbahnhof站即達
◎U-Bahn：
搭乘U1-3、U8至Schweizer Platz站
即達。

至少預留時間
只想來此走走不做停留：
0.5小時
找家餐廳，點杯蘋果酒好好享受美食：
2小時

造訪老薩克森豪森理由

1 有很多德式傳統餐廳，想喝蘋果酒就得要來這裡。

2 古色古香的老街區，適合來此放慢腳步、品嚐美食。

3 超多酒吧，不只蘋果酒，想喝什麼這裡都有。

4 在地的蘋果酒專車，是法蘭克福獨特的觀光型列車。

怎麼玩老薩克森豪森才聰明？

限定供應 來到法蘭克福別忘了喝有名的**蘋果酒**，不過一般餐廳並沒有供應，必須到當地**傳統料理**的餐廳才有機會喝到，而這類餐廳就以老薩克森豪區最多。

© visitfrankfurt_Holger-Ullmann

認明標誌 想喝蘋果酒的人注意，供應蘋果酒的餐廳或酒吧門口會有「**寶貝爾**」的標誌！

愈夜愈美麗

Apfelweinwirtschaft Adolf Wagner除了以蘋果酒聞名，提供的料理不似其他餐館口味偏鹹，較適合台灣人的口味。

Zum Feuerradchen的蘋果酒比較甘甜，搭配餐廳內的德式傳統料理，真是一大享受！

這裡的餐館營業時間比較正常，但如果是酒吧，幾乎要到**下午5點才開始營業**，白天來時可能會白跑一趟。

我愛蘋果酒

蘋果酒(Apfelwein)是一種將蘋果榨汁後發酵而成的水果酒，酒精濃度約在5.5%~7%左右。適合的下酒菜則是醋漬洋蔥和乳酪。基本上，這種酒在市區的高級餐廳或大飯店都喝不到，而是要在帶有鄉土氣息的小館子才有，其特殊的地方色彩，讓每位遊客，都會點上一杯助興。

學法蘭克福人喝蘋果酒

與葡萄酒不同的是，蘋果酒通常會被裝在一種名為「賓貝爾」(Bembel)的灰底藍花陶壺裡，喝時再倒入「修貝杯」(Schoppen，一種表面刻有花紋的玻璃杯)中。

Highlights

蘋果酒專車 Ebbelwei-Express

週末午後一路上叮叮噹噹的蘋果酒專車，是法蘭克福最受歡迎的有軌觀光列車，它是由懷舊的輕軌電車改裝而成。五顏六色的車身相當容易辨認，車上放著傳統節慶歌曲，並附有一瓶當地著名的蘋果酒和鹹餅乾來和窗外景色相佐。你可以在中途的任何一站上下車，如果一直不下車的話，大約60分鐘後會回到原來上車的地方。

🏠老薩克森豪森的發車站為Zoo，沿途經過Ostendstraße、Römer、Willy-Brandt-Platz、Hauptbahnhof、Baseler Platz、Schweizer-/Gartenstraße等多站，詳細路線參見官網。📞(0)69 2132-2425 ⏰週六、日13:30~19:35從動物園發車，各站時刻請參見官網。💲成人€8、14歲以下與65歲以上€3.5，車票可在上車後購買(車票含1瓶蘋果酒或蘋果汁，以及1包鹹餅乾)。🌐www.ebbelwei-express.com

用餐選擇

正宗法蘭克福Style——
就是要蘋果酒配德式料理

Apfelweinwirtschaft Adolf Wagner

德式料理

這家餐廳開業於1931年，所釀造的蘋果酒口感最為正宗，是一家在法蘭克福相當有名氣的蘋果酒館。而他們的料理也是味道鮮美，在清淡的調味下讓肉類本身的滋味滲透出來，佐以淋上獨特醬汁的馬鈴薯，再配一杯酸而不澀的蘋果酒，即使吃到撐腸拄腹也還是捨不得留下一滴湯汁。此外，這裡也有販賣蘋果酒專用的Bembel酒瓶。

🚇P.137B3 🚆搭乘U1-3、U8至Schweizer Platz站下車，沿Schweizer Str.南行即達。 📍Schweizer Str. 71 ☎(0)69 612-565 🕐11:00~24:00 💲主餐約€15~29 🌐www.apfelwein-wagner.com

Schnitaael with home fried potatoes €15.2、Apple wine 0,3l€2.7
推薦菜

香腸佐德式酸菜及馬鈴薯泥 €13.9
推薦菜

Zum Feuerradchen

德式酒館

這是間當地人常去的蘋果酒小酒館，因此無論是價錢還是份量上，都比觀光區來得實惠。這裡釀的蘋果酒比起Wagner的略為甘甜，對於不喜歡酸味的人來說，也較容易入口。而這裡的香腸佐德式酸菜及馬鈴薯泥與法蘭克福青醬(Frankfurter Grüne Sosse)都是招牌菜。

🚇P.137C3 🚆搭乘S3-6至Lokalbahnhof站下車，沿Darmstädter Landstr.北行，至Textorstr.左轉即達。 📍Textorstr. 24 ☎(0)69 3660-8361 🕐週四~週日12:00~23:00，週二、三16:00~23:00 🚫週一 💲主餐約€14~18.5 🌐www.zum-feuerradchen.de

Did YOU KnoW

蘋果酒和肉類是好朋友

法蘭克福的蘋果酒非常有名，酒精成分不高熱量也低，還有清新的果香，和肉類超搭，配上整盤都是肉的主菜也不會覺得膩！

Eckerle
HERRENMODEN

鬧買了鬧買了！
在法蘭克福首席購物大街敗家很有理！

法蘭克福：采爾大道

> 采爾大道上的品牌齊全，許多國際知名品牌都在這裡設有旗艦店。

造訪采爾大道理由

1 法蘭克福購物最佳選擇，從市集小物到國際品牌應有盡有。

2 直擊最繁榮的精華地段

3 欣賞法蘭克福摩天大樓天際線最佳位置

🎁 MAP
P.137
B1

采爾大道
Zeil

采爾大道不但是全法蘭克福、也是全德國最迷人的購物商業區。從豪普特瓦赫開始，一路上盡是百貨公司與名牌商店，一直延伸到Konstablerwache為止。而每逢週四與週六，Konstablerwache地鐵站的上方都會有露天市集，販賣各式各樣的小吃熟食和衣帽服飾等。

◎搭乘S1-6、S8-9、U4-7
至Konstablewatch站即達。
◎搭乘U1-3、U6-8、S1-6、S8-9
至Hauptwache站即達。

至少預留時間
純粹感受法蘭克福的繁榮
1小時
血拚戰鬥力全開
0.5天~1天

Konstablerwache露天市集
▼週四10:00~20:00、週六
8:00~17:00。

這裡在高樓層的餐廳，多設計成開放式用餐空間，可將櫛比鱗次的摩天大樓天際線一覽無遺。

Did YOU KnoW

相較於亞洲和北美的大城市，歐洲並沒有很多的摩天大樓，法蘭克福因為在二戰中被夷為平地，重建以現代大樓為主，市中心的幾座大樓都是歐洲前幾高的，因此法蘭克福的摩天大樓群是歐洲規模最大的。

怎麼玩
采爾大道
才聰明？

退稅 退稅是來這裡購物的一大誘因。只要門口有貼Tax free或Tax Refund的店家，單筆**消費滿€50.01**就可以**退稅**，記得跟店家要退稅單，然後檢查數字和明細有沒有正確。

Global Blue
TAX FREE

TAX FREE GERMANY
WORLDWIDE TAX REFUND

實惠購物點 這裡的**DM和Ross-mann**就像是台灣的全聯或屈臣氏，可以買些經濟實惠的東西，送禮自用兩相宜！

最長手扶梯

Myzeil購物中心的手扶梯號稱全歐洲最長，經過不妨進去體驗一下！

邊用餐邊看美景

既然要吃飯，不妨選擇高樓層的餐廳，這裡常設計成開放式空間，可讓你邊用餐邊俯瞰美麗城市風景。

法蘭克福：采爾大道

161

延伸行程
誰說德國只有豬腳和啤酒，來試試庶民情調小吃吧！

MAP P.137 B1

小市場大廳
Kleinmarkthalle

info
⌂Hasengsse 5-7
🕐8:00~18:00(週六至16:00)
🚫週日
🌐www.kleinmarkthalle.com

小市場大廳裡，一家家攤販在這裡井然有序並列著，花販、肉鋪、麵包店、香料店、魚販、雜貨店、熟食店、咖啡館、酒商、蔬果攤，琳瑯滿目的商品與食物、乾淨明亮的寬敞空間，洋溢著一種溫馨幸福的感覺。

如何前往
◎由采爾大道由東向西走，在Hasengasse路左轉，在往前200公尺即可抵達。
◎搭乘S1-6、S8-9、U4-7至Konstablewatch站下車，沿Zeil西行至Hasengasse左轉，過兩條巷口便可看到Kleinmarkthalle的正門。

法蘭克福：采爾大道

小市場大廳是一處室內市集，是最能貼近德國人民日常生活的地方。

各式各樣的德國麵包，都是道地口味。

來這裡可以買到道地的德國香腸

不像超級市場有著冷酷一成不變的購物動線，也不像露天市集充滿了嘈雜與混亂；乾淨、舒服、親切是這裡的特色。

MAP P.137 B1

Café Hauptwache

如何前往
◎由采爾大道由東向西走，在Roßmarkt路左轉即可抵達。

info
⌂An der Hauptwache 15
☎(0)69 2199-8627
🕐10:00~23:00(週日12:00起)
🌐www.cafe-hauptwache.de

Hauptwache不但是法蘭克福的交通轉運大站，同時也是一棟歷史建築。它建於1730年，在法蘭克福還是獨立城市邦的時代，這

坐在四面八方熙來攘往的大街正中央，倚著華麗而又滄桑的歷史建築喝下午茶，獨有一番情調。

裡是軍營所在。1866年，普魯士大軍佔領法蘭克福，Hauptwache成了警察局和監獄，直到1904年單位裁撤，這裡才變成一間咖啡館至今。這棟建築連著廣場都是巴洛克式的風格，咖啡館在夏天時會將桌椅擺在露天的廣場庭院內。

浴火重生的帝國遺產，
今日綻放更耀眼的美～

法蘭克福：舊歌劇院

MAP
P.137
A1

舊歌劇院
Alte Oper

舊歌劇院位在法蘭克福新舊建築的交界地帶，與鄰近的摩天大樓對比之下，這棟古典主義建築更顯尊貴。當時為了興建這棟建築，總共花費了超過500萬馬克，終於在1880年10月20日完成，由德意志皇帝威廉一世為它舉行開幕典禮。

即使二戰後這裡變成廢墟，仍有很長一段時間被人們視為「德國最美麗的遺跡」。1976年，政府開始進行舊歌劇院重建計劃，到了1981年終於重新開幕。目前這裡除了用作歌劇、音樂會、舞台劇等藝術表演外，也常作為國際會議場地之用。

造訪舊歌劇院理由

1 曾是「德國最美麗的遺跡」

2 今日仍是市民心中最具代表性的古典主義建築

3 可欣賞具有頂尖水準的表演

4 看完還可去旁邊的美食街吃個過癮

◎U-Bahn：
搭乘U6、U7至
Alte Oper站
即達。

Opernplatz
除了預約團體參觀或觀看表演，這裡不開放進入，演出時間表可上網查詢。
www.alteoper.de

至少預留時間
到處逛逛：1小時
於美食街用餐並
參觀股票交易所：
3小時

希臘式的山形門楣、列柱、拱廊，前廳頂上的四駕豹車與最頂端的飛馬，使舊歌劇院散發出一種輝煌世代的貴族魅力。

座落在舊歌劇院附近的股票交易所，門外有牛和熊塑像，分別代表了股市行情上升以及下跌。

怎麼玩 舊歌劇院 才聰明？

參觀舊歌劇院 參觀舊歌劇院：舊歌劇院平常不開放參觀，真的很想參觀的人有一個方法，想辦法找到12個人，**預約團體參觀**。

參觀股票交易所 參加股票交易所大廳導覽需在**1個工作天前預約**；參觀前需查驗護照等有效證件。

拍出好照片 拍出好照片：舊歌劇院離摩天大樓群不遠，在這裡抓好角度，就能拍到**以摩天大樓群為背景的舊歌劇院**，拍出時代變遷的感覺。

歌德大街位於歌德廣場和舊歌劇院之間，與美食街平街，有「法蘭克福的第五大道」之稱。

Did YOU KnoW

《布蘭詩歌》的初試啼聲

也許有些人對《布蘭詩歌》有些陌生，但其實它常出現在電視電影裡，一聽就耳熟能詳；這個作品是由音樂家卡爾・奧夫(Carl Orff)和德國作曲家，在1935年，發現了源於中世紀的文學作品(Carmina Burana)，而後創作出的同名作品，首演就是在舊歌劇院。

一年一度的歌劇院廣場節在此舉行

每年6月下旬，舊歌劇院的廣場上，都會舉行歌劇院廣場節(Opernplatzfest)。從早上11:00到晚上11:00，現場除了有琳瑯滿目的美食，還伴有爵士、古典等各種音樂劇場表演，場面精采熱鬧。

吃飽喝足，再去見識全球**重要股市**的操盤！

MAP P.137 B1 股票交易所
Börse

如何前往

◎從舊歌劇院前的opernplatz沿著Große Bockenheimer Str向東走，在Börsenstraße向左轉，往前100公尺即可抵達。

◎搭乘U1-3、U6-8、S1-6、S8-9至Hauptwache站下車，沿Schillerstr.北行即達。

Info

🏠Börsenplatz 4　⏰週一至週五開放數梯次供大眾上網預約參觀，梯次詳情請上官網查詢。

🌐deutsche-boerse.com　❗欲入內參觀，需事先在官網上預約。

股票交易所是一棟19世紀晚期興建的典雅建築，現已成為全世界最重要的股市交易所之一，若是參加交易所的導覽團的話，便可以一窺裡頭交易員操盤的情形。

交易所外最引人注目的莫過於兩隻動物的塑像，一隻是牛，一隻是熊，分別代表了股市行情上升與下跌的兩種走勢(即牛市與熊市)。

不知道是不是遊人把參觀紐約華爾街的習慣帶到這裡來，為觸摸牛角可帶來財運，只見銅牛的兩隻角早已被摸到發亮。

MAP P.137 B1 美食街
Fressgass'

如何前往

◎從舊歌劇院前的opernplatz沿著Große Bockenheimer Str向東走，距離200公尺。

◎搭乘U1-3、U6-8、S1-6、S8-9至Hauptwache站，或搭乘U6、U7至Alte Oper站即達。

在豪普特瓦赫和舊歌劇院之間的Bocken-

MAP P.137 B1 歌德大街
Goethestraße

如何前往

◎從舊歌劇院前穿過opernplatz即可抵達，距離100公尺。

◎搭乘U1-3、U6-8、S1-6、S8-9至Hauptwache站，或搭乘U6、U7至Alte Oper站即達。

歌德大街號稱是「法蘭克福的第五大道」，LV、Gucci、Hermès、Chanel、Versace、Prada、Rolex…各大國際名牌都在這裡設店。當夜幕低垂，櫥窗裡的燈光亮起，映照在一件件樣式出眾的精品上，再襯著店內時尚優雅的裝潢擺飾，讓人們忍不住停下腳步，眼睛離不開櫥窗裡的商品。

©visitfrankfurt_Holger-Ullmann

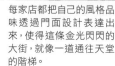

各大你想得到的奢華精品名牌，這裡都能找得到。

每家店都把自己的風格品味透過門面設計表達出來，使得這條金光閃閃的大街，就像一道通往天堂的階梯。

heimer Strasse和Kalbächer Gasse合稱為Fressgass'，字面上的意思就是美食街。1970年代起，這條街道被規劃為行人徒步區，從此每到夏天，就會看見街道上擺滿了露天餐座，成為名副其實的街道美食宴會。

早在第一次世界大戰結束後，就有許多餐館、咖啡店、熟食店、啤酒館、點心鋪集中在這裡，使得這條大道成為了法蘭克福的飲食文化重鎮。

離開法蘭克福的
周邊小旅行

法 蘭克福就像它的名產蘋果酒一樣讓人微醺，如果離開這裡還意猶未竟，別擔心，往南是著名的古堡大道，往西，美因河和萊茵河在這裡灌溉出了一片豐饒的平原，美因茲就位在這裡。

在接下來的篇章裡，我們推薦兩個適合小旅行的地點，海德堡和美因茲，你可以根據自己時間的長短與個人喜好來挑選目的地。海德堡臨河翩翩而立，與古色古香的舊市鎮和老橋互相輝映，被歌德譽為「把心遺忘的地方」，美因茲則是歷史悠久的古都，留下了許多羅馬帝國的遺產，兩個城市都能剛好排滿一整天的行程，非常適合1~2天的小旅行。

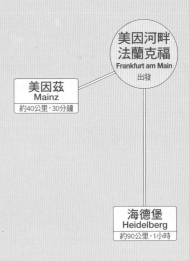

美因河畔
法蘭克福
Frankfurt am Main
出發

美因茲
Mainz
約40公里，30分鐘

海德堡
Heidelberg
約90公里，1小時

※所有里程數及時間，皆以從法蘭克福出發計算

去一趟車程才半小時，半天或一天遊時間都剛剛好

今日旅遊美因茲，不妨花一天的時間參觀教堂與博物館，再悠閒漫步舊城區。

\ 推薦1 /

距離法蘭克福
位於法蘭克福西南方，距離約40公里。

不塞車路程
約0.5小時

MAP
P.166,
167

美因茲
Mainz

如何前往
從法蘭克福中央車站搭乘S8到美因茲中央車站，半小時一班，全程約38分鐘。也可搭乘IC，全程約33分鐘。

市區交通
美因茲老城區不大，用步行的方式即可遊覽各個景點，從中央車站走到聖馬丁大教堂不過1.2公里，也可以利用市區內的路面電車與公車等交通工具。

　　美因茲是美因河與萊茵河的交匯處，747年，掌管美因茲的主教聖波尼法斯(St. Boniface)成功地讓此地居民改信天主教，因而被賦予大主教的位。隨著繼任主教們的不斷耕耘，美因茲終於成了當時除了羅馬之外，地位第二崇高的大主教主座地。在11~12世紀間，就有7位皇帝在美因茲大教堂內接受加冕典禮。由於美因茲的大主教身兼神聖羅馬帝國選帝侯，同時握有政治上管轄領土的權力，直到1802年大主教區的頭銜被拿破崙撤走，美因茲才失去了宗教上的崇高位階。

美因茲市區

往選帝侯宮　萊茵河 Rhein

往中央車站

嘉年華博物館 Mainzer Fastnachtsmuseum

Hilton

古騰堡博物館 Gutenberg Museum

聖馬丁大教堂 St.Martin's Dom

市政廳

科普夫堡博物館 Kupferberg Museum

聖史蒂芬教堂 St.Stephen's

舊城區

◎景點　Ｈ住宿　✝教堂　🏛博物館　🏢政府機關　ℹ遊客中心

美因茲卡Mainz Cardplus
購買美因茲卡可免費搭乘美因茲及威斯巴登(Wiesbaden)的所有大眾交通工具，包括S-Bahn、Tram、公車及往返法蘭克福國際機場的火車(RE)。此外，還可免費參觀美因茲7家博物館及每週六的「黃金美因茲」導覽團，在部分餐廳、商店、旅館也有不同優惠。

⌂可在遊客中心、中央車站的MVG櫃檯、各大旅館及旅遊局官網上購買。

$單人卡為€18、團體卡(最多可5人共用)€55，效期為48小時。

現在的街道兩旁
開滿了商店和餐
廳，每到假日便湧
入大批觀光客。

1 舊城區
Altstadt

在奧古斯丁(Augustinerstr)與櫻桃園(kirschgarten)的交叉路口，這一帶是
美因茲最古老的街區。奧古斯丁街是一條步行街，在17世紀前，這裡是主教
城中主要的商業大道。
而在櫻桃園附近，可看到許多桁架式的可愛房屋，一棟棟像是從童話故事中
拆下重建的一樣。這裡也有一些有趣的小店和酒館，向晚坐在露天的廣場桌
位上用餐，別有情調。至於為什麼要叫做櫻桃園，可在Zum Beymberg 這
家麵包屋中殘存的櫻桃樹樁上找到答案。
🔺P.167 🔹從市政廳出發，沿Quintinsstraße向西南方前進，於Alte
Universitätsstraße左轉，於Georg-Moller-Passage右轉繼續前進即可抵
達。全程步行約800公尺。

2 聖馬丁大教堂
Dom St. Martin

擁有6座高塔的羅馬式大教堂，即使躋身於舊城區房舍中，
仍不減風采。大教堂是10世紀時，在美因茲大主教威利吉斯
(Willigis)治下開始興建，當時大教堂就位於舊城正中央。鄰
近教堂周圍的建築，則都是當時的權貴之家。
雖然大教堂興建很早，卻直到1669~1774年間完成巴洛克式
的屋頂後，整棟建築才成為今日樣貌。
🔺P.167 🔹從市政廳出發，沿Rheinstraße向南，於
Mailandsgasse右轉，繼續前進至Markt左轉即可抵達，全
程步行約500公尺。 ◎教堂 🏠Markt 10 ⏰9:00~17:00(週
日13:00~17:00) ◎博物館 🏠Domstrasse 3 ☎(0)6131
253-344 ⏰週二至週五10:00~17:00，週六、日
11:00~18:00 ❌週一 💲成人€5、9~17歲及60歲以上€3 🔆
www.dommuseum-mainz.de

古騰堡因這項發明加速了
歐洲的文化進程，改變了
數百年的世界歷史，也使
得這位發明家，成為名傳
千古的偉人。

3 古騰堡博物館
Gutenberg Museum

古騰堡印刷術對歐洲文明影響深遠，而古騰堡博物館即展示
一些古老的印刷設備，其中最重要的展品就是古騰堡當時印
製的第一版《42行聖經》，以每頁共有42行文字來命名，是世
上僅存的47份善本之一。
博物館也展示了世界各地印刷術的發展史，包括比古騰堡還
要早上800年的中國雕板印刷術。
🔺P.167 🔹從市政廳出發沿Rheinstraße向南，於
Fischtorstraße右轉再走100公尺即可抵達。全程步行約300
公尺。 🏠Liebfrauenplatz 5 ☎(0)6131 122-640 ⏰
9:00~17:00(週日11:00起) ❌週一和國定假日 💲成人€5、
優待票€2~3 🔆www.gutenberg-museum.de

除了高聳的尖
塔外，由赭紅
色砂岩所建成
的赤色身影，
和內部兩座橫
向側翼的設
計，都是特色。

卡爾的彩繪作品輕盈而又不失莊嚴，令人喜愛。

④ 聖史蒂芬教堂
St. Stephen

聖史蒂芬教堂始建於990年，但因戰火幾乎完全毀壞，直到1962年的重建計畫，才將教堂穹頂蓋上，但教堂最重要的裝飾卻遲至1973年，由當代超現實主義大師馬克．夏卡爾(Marc Chagall)為教堂繪製彩繪玻璃，才有了屇目。夏卡爾因彩繪玻璃被授予榮譽市民，但他卻從未到訪過這裡，事實上，在他完成最後一片玻璃不久後，便以97歲高齡在法國辭世。

📖P.167 從市政廳出發向西南步行15分鐘，穿越舊城區即可抵達，全程步行約1,2公里。 🏠Kleine Weißgasse 12 ☎(0)6131 231-640 ⏰10:00~18:00 (11~2月至16:30，全年週日12:00起) 💲免費 🌐bistummainz.de/pfarrei/mainz-st-stephan/

同場加映：離開法蘭克福的周邊小旅行

⑤ 嘉年華博物館
Mainzer Fastnachtsmuseum

美因茲號稱是萊茵河流域的嘉年華中心，每月1月或2月都會舉行盛大嘉年華，其歷史可追溯至1837年。在Schillerplatz上有一尊以嘉年華為主題的雕像，200多個精緻的人物及動物，共同構成了令人眼花撩亂的主體，把狂歡精神表達出來。而嘉年華博物館就位於雕像附近，展示170多年來美因茲嘉年華使用過的文物和影像。

📖P.167 🚋搭乘Tram 50-52，或54-57、60-63、71、90-92號公車在Schillerplatz下車即達。 🏠Neue Universitätsstr. 2(Supply Depot地下室) ☎(0)6131 144-4071 ⏰11:00~17:00 休週一 💲成人€3、優待票€1.5~2 🌐www.mainzer-fastnachtsmuseum.de

這裡曾是美因茲大主教的居住地，也是德國文藝復興時期的代表建築之一。

🔊 **館內禁止拍照**

展出內容包括小丑的尖帽、衛兵的制服、樂隊的樂譜、花車的造像及各種大型玩偶等。

⑥ 選帝侯宮(羅馬-日耳曼人博物館)
Kurfürstliches Schloss (Römisch-Germanisches Zentralmuseum)

這棟建築興建於17世紀，原本是美因茲大主教兼神聖羅馬帝國選帝侯的宮殿，現在則是作為羅馬-日耳曼人博物館使用。博物館共有3層大型的展示廳，分別陳列史前時代、羅馬時代與中世紀時代的各種器物、盔甲、武器等珍貴文物。其中最珍貴的收藏包括5世紀時，法蘭克國王希爾德里克一世失落的部分殉葬品、打造於9世紀的「聖彼得寶座」複製品，和2世紀時製作的天象儀，這也是目前已知最早的球體天象儀。

📖P.167 🚌搭乘6、6a、64、65、99號公車在Bauhofstraße/LRP下車即達。 🏠Ernst Ludwig Platz 2 ☎(0)6131 912-40 🌐www.leiza.de ❗博物館目前整修中，暫時關閉。

去一趟車程才半小時，半天或一天遊時間都剛剛好

同場加映：離開法蘭克福的周邊小旅行

\推薦2/
距離法蘭克福
位於法蘭克福西南方，距離約90公里。
搭乘高速火車路程約1小時

1386年，海德堡設立大學後，城鎮迅速擴展，不但工商雲集，還成為當時歐洲文化學術的重鎮，海德堡因而成為德國歷史最悠久的大學城。

海德堡市區

哲學家之路 Philbsophenweg
Philosophenweg
Neuenheimer Landstr.
涅卡河 Neckar
老橋 Alte Brücke
AmHackteufel
Holländer Hof
Friesenberg
Hotel Villa Marstall
Bussemer
Steing
Pfaffeng
Hauptstr.
海德堡大學 Universität Heidelberg
聖靈教堂 Heiliggeistkirche
市政廳 Rathaus
市集廣場 Marktplatz
Hauptstr.
Schulg.
Ketteng.
騎士飯店 Haus Ritter
古堡纜車站
Friedrichstr.
Theaterstr.
Sandgasse
Graberg
耶穌會教堂 Jesuitenkirche
海德堡古堡 Heidelberger Schloss
←往中央車站

◉景點 Ⓗ住宿 ✝教堂 🏛博物館 🏰城堡 ⚓碼頭
◔公園 🎓學校 🏛政府機關 ❶遊客中心 🚌公車站

MAP P.166, 170

海德堡
Heidelberg

如何前往

從法蘭克福中央車站，每小時皆有一班IC或EC直達海德堡中央車站，車程約1小時；其他班次則需在曼罕轉車，大約1小時出頭即可抵達。

市區交通

出中央車站可搭乘公車在Universitätsplatz站下車抵達老城區；或乘公車在Alte Brücke Nord站下車抵抵老橋前。火車站前有遊客中心可提供協助，海德堡老城區範圍不大，可用步行方式走遍，這個地區的大眾運輸由VRN營運，也可利用其公車與電車代步，若要上古堡或王座山，則可搭乘齒輪軌道纜車(Bergbahnen)。

一向擁有浪漫聲名的海德堡，不但是莘莘學子嚮往的大學城，更是無數文人墨客筆下的羅曼蒂克經典魅力之城。只要親訪海德堡，觀看依偎在涅卡河畔的老城、錯落有致的紅瓦屋頂、橫跨涅卡河面的典雅拱橋，加上高踞山坡上的城堡英姿點綴在綠蔭樹影之間，就能相信海德堡何以讓歌德讚譽為「把心遺忘的地方」。

海德堡卡 HeidelbergCARD

持卡可在效期內不限次數搭乘海德堡市內大眾運輸工具(含公車、電車、S-Bahn及區域性火車)，並包含海德堡古堡套票(古堡、大酒桶、藥事博物館、齒輪軌道纜車山腰段來回)與海德堡大學套票。參觀多處景點、導覽行程可享有折扣，在指定商店、餐廳消費也有優惠。

⌂可在各遊客中心或旅遊局官網上購買。
⑤一日卡€26，二日卡€28，四日卡€30
ⓦwww.heidelberg-marketing.de/en/

海德堡從何時開始的？

從考古文物顯示，海德堡最初是塞爾特人的聚落，後來成為羅馬帝國的軍事堡壘。12世紀時，海德堡被封建領主買下後，大興土木擴建城堡，海德堡之名才正式出現於古籍中。

同場加映：離開法蘭克福的周邊小旅行

Highlights：在海德堡，你可以去

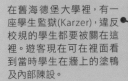

在舊海德堡大學裡，有一座學生監獄(Karzer)，違反校規的學生都要被關在這裡。遊客現在可在裡面看到當時學生在牆上的塗鴉及內部陳設。

① 海德堡大學
Universität Heidelberg

海德堡大學不但是德國，也是歐洲最古老的大學，創校至今已超過600年。在如此漫長的校史中，這所大學與這座城市幾乎是合為一體了。海德堡因為這所大學而更添人文氣息。據統計，海德堡人口中有1/5是學生，因此海德堡人很自豪於這座城市在古意的外表下，有一顆年輕的心。

以文學與哲學聲譽卓著的海德堡大學，現在已是一間擁有3萬名學生的大型學校，在天文學、國際法及原子物理學領域也負有盛名。

🗺P.170 🚃從Universitätsplatz搭乘31至Technologiepark站即可抵達 🏠Grabengasse 1 🏛大學博物館 Universitätsmuseum ⏰週二至週六10:30~16:00(最後入場時間為15:30)，開放時間會變更，請注意查詢。 ⑤博物館+特展+學生監獄聯票成人€6，優待票€4.5 ⓦwww.uni-heidelberg.de

有著哥德樣式的聖靈教堂建自1398年，這裡還曾是歷代選帝侯的安葬地。

禮拜時間禁止參觀，但可加入禱告儀式。

② 聖靈教堂
Heiliggeistkirche

聖靈教堂因歷史悠久，裡頭曾有過來自各方的豐富藏書，這些無價之寶一度被運至羅馬，幸而後來約有800冊以德文為主的手稿及原稿獲得歸還，現在就收藏在海德堡大學的圖書館內。現在登上教堂的塔頂，還可將海德堡全市看得一清二楚。
⚑P.170 🚶順著老橋前的Steingasse往南走即可抵達，全程步行約100公尺。 🏠Marktplatz ⏰11:00~17:00(週日至12:00)。 💲教堂免費，登塔頂需付€2、12歲以下兒童免費。

18世紀海德堡市區因戰爭而全毀，在有心人士力挺之下，這座古堡才得以倖存，並保留著廢墟模樣。

Did YOU KnoW
參觀古城必看的3件事

教堂、市政廳、市集廣場對德國城市來說非常重要，因此參觀德國古城時，景點無不圍繞著這三者。

參觀完城堡，不妨再搭纜車登上王座山，這裡有許多登山路線，也可俯瞰海德堡迷人風情。

古堡內有個巨大的木製酒桶(Großem Fass)，遊客可登上酒桶參觀，酒桶對面有矮人佩奇歐，他負責看守酒桶。

③ 海德堡古堡
Schloss Heidelberger

海德堡古堡其實只是個遺跡，整座城堡在17世紀末的戰爭中毀於法國人手中，但即使如此，今天漫步其間，還是可感受到濃濃的中世紀氣息。

悠靜的城堡花園(Schlosshof)內，有多次造訪海德堡的歌德塑像，他曾讚譽海德堡是「把心遺忘的地方」。離塑像不遠處是他最愛的石椅，椅子上雕有心型葉子，他曾用這種植物為心愛的人做了一首詩，在椅子上正刻著那首詩。

城堡內部另一個開放參觀的就是藥事博物館(Deutsches Apothekenmuseum)，館內展示從中世紀到19世紀的實驗室、儀器、藥物等。

⚑P.170 🚌從海德堡中央車站可搭乘36號或20號公車到

Rathaus/Bergbahn站下車，再搭乘齒輪軌道纜車上山，至Schloss站即達。纜車9:00~20:00發車上山(冬季只到17:10)。山腰段(Kornmarkt經Schloss到Molkenkur)為10分鐘一班，山頂段(Molkenkur到Königstuhl)為20分鐘一班。山腰段成人來回€9，6~14歲來回€4.5；山腰加山頂段成人單程€10，來回€16；兒童單程€5，來回€8。 🏠Schlosshof 1 ☎(0)6221 658-880 ⏰古堡9:00~18:00 (進入內部須參加導覽行程，每日有許多導覽梯次，請上官網查詢)。德國藥事博物館10:00~18:00 (11~3月至17:30)。 💲城堡花園、大酒桶、藥事博物館及搭齒軌道纜車的通票為成人€9，優待票€4.5。古堡導覽成人€6、優待票€3；耳機語音導覽(有中文)€6。 ⓙ www.schloss-heidelberg.de

4 耶穌會教堂 Jesuitenkirche

耶穌會的信徒們於17世紀抵達海德堡時，在1712年開始興建這座耶穌會教堂，直到1759年才完工；這座外觀醒目的教堂，是海德堡現在主要的天主教教堂。在教堂左側的墓穴中，安放的是昔日一位選帝侯及其家屬的遺骸。

P.170　搭乘Tram 20或33號公車至Rathaus/Bergbahn站，步行約4分鐘。　Merianstraße 2　5~9月9:30~18:00、10~4月9:30~17:00。

耶穌會教堂內部裝潢十分素雅新穎又不失莊嚴

漫步老橋，可一覽河畔高地的海德堡城堡與海德堡浪漫典雅的市容；走過橋去再回首，老橋則變成了風景的一部分。

5 老橋 Alte Brücke

老橋靜靜橫跨在涅卡河上已有好幾百年了，當然，這中間曾經歷了幾次重建，原本只是座木橋，被洪水、火災毀損好幾次，直到1786~1788年間才改建成石橋。當年的建橋者Theodor，為了讓這座石橋停止被毀壞的厄運，在橋上安放了護佑萊茵河與其支流的河神雕像，這雕像至今仍屹立河畔。

P.170　搭乘35號公車至Alte Brücke站即達。

6 哲學家之路 Philosophenweg

海德堡之所以迷人，並成為世界上一個擁有獨特印象的城市，正因為在浪漫的氣氛中還擁有哲學般的智慧。

這條哲學家之路，如果是由舊城區穿過老橋走來，會先經過一段灌木叢小路，即使是大白天，這段還留有老城牆遺跡的小路仍略顯昏暗，經過這條隧道走上位於山腰的哲學家小路後，視野馬上為之一亮，整個城市都呈現在你眼前。德國人說，這就是哲學。

P.170　從舊城區過老橋步行約15分鐘可達。

這條哲學家之路，古往今來不知有多少文人學者漫步其間。

Did YOU KnoW

海德堡的孫悟空？！

在老橋旁有座猴子的銅雕，據說摸了猴子手中的鏡子會發財，摸了旁邊的小老鼠，則會多子多孫，若是把摸了猴子手上的戒指，就會再回到海德堡。

從哲學家之路俯瞰海德堡古堡和老橋

同場加映：離開法蘭克福的周邊小旅行

出發！
航向科隆的偉大航道

從空中進入科隆

有科隆-波昂機場(CGN)和杜塞道夫國際機場(DUS)兩大機場，前者位於科隆東南方15公里，是德國第6大機場；後者在杜塞道夫城外9公里處，距離科隆60公里(車程約1小時)，是德國第3大機場；皆主飛歐洲航線。
🔗www.koeln-bonn-airport.de、www.dus.com/de-de。

科隆-波昂機場至市區交通

火車

機場1航廈的對面即是德鐵火車站(Köln/Bonn Flughafen站)，可乘S-Bahn的S19至科隆中央車站約15分鐘。

巴士

機場2航廈外可搭乘機場快速巴士SB60，只需32分鐘即可抵達。

計程車

從機場搭計程車到科隆約15分鐘，到波昂也是約15分鐘，電話(0)221 2882、(0)221 16808111。

租車

在2航廈入境層D區可找到Avis、Hertz、Sixt、Europcar的租車公司櫃檯。

杜塞道夫國際機場至市區交通

火車

機場東端即是德鐵火車站(Düsseldorf Flughafen站)，機場內有Skytrain連結各航廈與火車站。搭乘RE或ICE到杜塞道夫市區，約10分鐘一班，車程6分鐘；若搭S-Bahn的S11，則是1小時一班，車程也只要11分鐘。搭乘RE或ICE至科隆中央車站大約1小時，每小時皆有班次。

租車

機場中也有Avis、Hertz、Sixt、Europcar、Thrifty的櫃檯提供租車服務。

從地面進入科隆

鐵路

從法蘭克福中央車站，每小時有一班ICE直達科隆中央車站，車程約1~1.5小時。從法蘭克福機場，每小時則有兩班ICE直達，車程約1小時。

從科隆中央車站到波昂中央車站的班次非常密集，最快的IC或EC，17分鐘即可抵達，最慢的MRB也只要29分鐘。從科隆中央車站直達杜塞道夫中央車站的車也很多，IC和ICE約需21~25分鐘，RE也只需30分鐘。從科隆往亞琛，搭ICE特快列車只要35分鐘，RE約1小時即達。

📍Trankgasse 11, 50667 Köln
🔗www.bahnhof.de/koeln-hbf

從火車站步行就可到重要景點

科隆中央車站對面即是科隆大教堂，可步行前往舊城等主要觀光景點。

也可使用北萊茵-威斯特法倫邦票進出科隆

北萊茵-威斯特法倫邦票可適用於邦境內各區域性火車二等車廂，以及各城市大眾運輸系統，使用效期為平日9:00~隔日凌晨3:00、週末及假日全天有效，購票時可指定使用日期，因此可以提早購買。票價€52.2，最多可5人共用；單人票價€34.8。

科隆行前懶人包

關於科隆的住宿

　　科隆的中央車站和主要觀光區非常集中，因此住在市中心的範圍內是最好的選擇，但價格稍高。離市中心不遠處的Komödienstraße和Tunisstraße的路口這一帶，離車站、大教堂和購物街都在步行10分鐘的範圍內，一樣十分方便，平均價格較市中心便宜，是不錯的選擇。

狂歡節別想睡？！

科隆狂歡節期間，尤其是接近尾聲的2月，科隆市中心會陷入狂歡的狀態，如果想要耳根清淨，晚上還能睡覺，千萬要住遠一點！

觀光優惠票券好用嗎
科隆卡(Karte Köln)

可免費搭乘使用範圍內的大眾交通工具，並可享有景點、博物館及導覽行程最高5折優惠。
🕐可在遊客中心、車票自動售票機及各大旅館購買。

票種	時間	單人	團體 (最多5人共用)
Karte Köln	24小時	€9	€19
	48小時	€18	€38

科隆博物館卡 (MuseumCard)

持有科隆博物館卡可免費參觀城區內所有博物館，效期為連續2天，且啟用當天可免費搭乘市區大眾交通工具。
💰單人卡€18、家庭卡(2名大人和2名兒童)€30。

科隆地區節慶日曆

日期	節慶	備註
1月1日	元旦(Neujahr)	國定假日
2月底	婦女狂歡節(Weiberfastnacht)	狂歡節結束前的最後一週，女生們在這週徹底的狂歡慶祝，甚至會有女生拿著剪刀在路上剪男人們的領帶和鬍子。
聖灰星期三前的星期一 (大概2月底)	玫瑰星期一(Rosenmontag)	源於拿破崙時期，不滿被外人統治的科隆人上街狂歡表達不滿，科隆狂歡節也在這天畫下句點。
復活節前的週五	受難節(Karfreitag)	國定假日
復活節後的週一	復活節後週一(Ostermontag)	國定假日
5月1日	國際勞動節(Tag der Arbeit)	國定假日
從復活節算起第40天	耶穌升天節(Christi Himmelfahrt)	國定假日
耶穌升天節後第10天	聖靈降臨節(Pfingstmontag)	國定假日
10月3日	國慶日(Tag der Deutschen Einheit)	國定假日
11月11日	科隆狂歡節(Kölner Karneval)	每年的11月11日11:11正式揭開序幕，一連串的慶典直到隔年2月底的玫瑰星期一才結束。
12月24日	平安夜(Heiligabend)	中午起百貨、超市、餐廳、公司行號等陸續關門放假。
12月25至26日	聖誕節	國定假日

 到底要不要買觀光票券？

比起柏林和法蘭克福數量多、主題多元豐富的博物館，科隆的博物館選擇沒那麼多，購買「博物館卡」與否看個人喜好了。「科隆卡」則視行程安排和交通偏好決定。

科隆的遊客中心在哪裡？

◎科隆大教堂遊客中心
🏠Kardinal-Höffner-Platz 1, Köln
☎(0)221 346-430
🕐週一至週六9:00~19:00，週日10:00~17:00
🌐www.koelntourismus.de

其他旅遊相關資訊
氣候

萊茵河流域屬於溫帶海洋性氣候，冬暖夏涼，1月均溫為2.6℃，7月均溫為18.8℃，年雨量在800mm以上。

若不幸發生緊急事故

◎緊急連絡電話
警察局：110或112

科隆市區交通

哪些卡也可以用？

持有科隆卡(Karte Köln)可期限內任意搭乘市內大眾運輸工具(見P.176)；持有VRS車票可任意往來於波昂與科隆；持有北萊茵-威斯特法倫邦票(見P.174)，亦可在效期內不限次數搭乘邦內各種交通工具；持有「德鐵通行證」(見P.9)則可搭乘同屬德鐵系統的S-Bahn。

大眾運輸工具

無論是科隆、杜塞道夫還是波昂，市區內都有通勤火車(S-Bahn)、市區地鐵(U-Bahn)、路面電車(Tram)與公車(Bus)可供搭乘，交通非常便利。

⌂可在車站的自動售票機購買

🌐www.kvb-koeln.de

區域整合正夯

2015年起，波昂和科隆的大眾運輸系統被整合在VRS(Verkehrsverbund Rhein-Sieg GmbH)的大眾運輸系統中，購買VRS車票是可通用於兩座城市間的區域。

短程票 KurzstreckenTickets

可使用於公車、Tram、U-Bahn和S-Bahn，最多只能搭乘4站。

⑤成人€2.5、6~14歲€1.2。

市區單程票 EinzelTicket & 4erTicket (tariff level 1b)

單程票適用於一趟完整的旅程，中途可轉乘，但路線不可重複。

⑤單張成人€3.5、6~14歲€1.8，4張成人€14、6~14歲€7.2。

市區一日票 TagesTicket (tariff level 1b)

一日票有單人和團體(最多5人共用)兩種，效期為自啟用起24小時。

⑤單人€8.5、團體€17.2。

觀光型交通工具
隨上隨下觀光巴士 Hop-On Hop-Off

停靠科隆市區15個景點，車票可在遊客中心或向司機購買，效期為24小時。

⌂從科隆遊客中心出發

⏱每日10:00~17:00，每30分鐘發車一班。

⑤成人€18、4~13歲€5

🌐www.ccs-busreisen.de

叮噹小火車 Bimmelbahnen

這是仿小火車造型的觀光列車，共有兩條路線，一條往巧克力博物館，一條往動物園，都是從科隆遊客中心出發。

⏱巧克力路線9:45~17:45，動物園路線9:30~18:00，都是每30分鐘發車一班。

⑤成人單程€7，來回(隨上隨下)€12；優待票均半價。

🌐bimmelbahnen.com

萊茵河觀光遊船

⌂從科隆觀光遊船碼頭上船

⏱4~10月每日10:30、12:00、13:30、15:00、16:30、18:00發船，行程約1小時。

⑤成人€17、優待票€9~13.6

🌐www.k-d.com

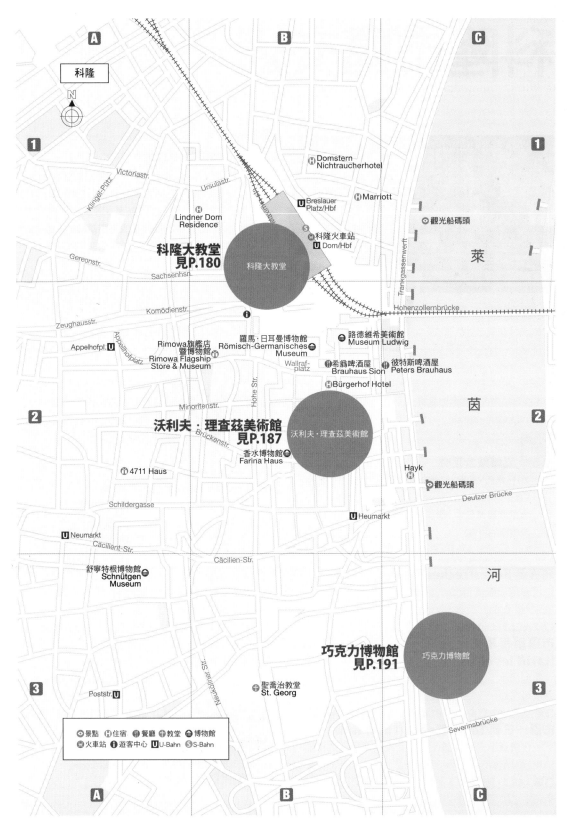

科隆

N

A

B

C

1

Domstern
Nichtraucherhotel

Marriott

◎觀光船碼頭

Victoriastr.

Ursulastr.

Breslauer
Platz/Hbf

萊

Lindner Dom
Residence

**科隆大教堂
見P.180**

科隆大教堂

科隆火車站

Dom/Hbf

Gereonstr.

Sachsenhsn.

Hohenzollernbrücke

Zeughausstr.

Komödienstr.

i

Appelhofpl.

Appelhofplatz

Rimowa旗艦店
暨博物館
Rimowa Flagship
Store & Museum

羅馬·日耳曼博物館
Römisch-Germanisches
Museum

路德維希美術館
Museum Ludwig

希翁啤酒屋
Brauhaus Sion

彼特斯啤酒屋
Peters Brauhaus

茵

Wallraf-
platz

Hohe Str.

Bürgerhof Hotel

2

Minoritenstr.

**沃利夫·理查茲美術館
見P.187**

沃利夫·理查茲美術館

2

Brückenstr.

香水博物館
Farina Haus

4711 Haus

Hayk

◎觀光船碼頭

Schildergasse

Deutzer Brücke

Neumarkt

Cäcilient-Str.

Heumarkt

Cäcilien-Str.

河

舒寧特根博物館
Schnütgen
Museum

3

Poststr.

聖喬治教堂
St. Georg

**巧克力博物館
見P.191**

巧克力博物館

3

Severinsbrücke

◎景點　住宿　餐廳　教堂　博物館
火車站　遊客中心　U-Bahn　S-Bahn

A

B

C

最接近上帝的聖堂，萊茵河畔的完美奇蹟

科隆
Köln

「沒到過科隆就沒到過德國」～德國諺語

●科隆Köln

科隆是萊茵河沿岸最大的城市，工商業相當發達。著名的科隆大教堂是一座完美的哥德式建築，人們傳說它是世間最靠近天堂的教堂，也是科隆最出名的景致。而照原建築重建的舊城區，每棟建築都是粉彩色的，別具一番恬靜風情。科隆到了夜裡更是熱鬧，遊客們聚在酒吧把酒言歡，品嚐只在這裡喝得到的「女性啤酒」——科隆啤酒；同時這裡也是古龍水的發源地，來到科隆千萬別錯過這種原始的香味。

零負評景點！地球上最完美的哥德大教堂！

哥德式教堂最大特色就是尖拱形高窗、飛樑、扶壁、彩繪玻璃及圓形玫瑰窗，遠遠望去即可看到伸向無際蒼穹的尖塔

科隆：科隆大教堂

✝ MAP P.178 B1 科隆大教堂
Dom zu Köln

這是一座傳說中的大教堂──傳說它已經蓋了將近800年還沒完工；傳說它是地球上最完美的哥德式建築。來到德國，一定要到科隆親眼一睹。

主祭壇之迴廊是科隆大教堂最古老的部分，共有7個小聖堂，建造時期在1248~1265年間。而正門入口高處的巴伐利亞彩窗，則是在1842年由巴伐利亞國王捐贈給教堂。中古世紀時，人們相信光就是上帝之愛。其他像三聖人金聖龕、米蘭聖母像等，都是來到科隆大教堂不能不看的至寶。

這些怪獸不只是裝飾而已！它們最大的功能是排水。

造訪科隆大教堂理由

1 世界上最大的哥德式建築

2 有地球上「最完美的哥德大教堂」美譽

3 基督徒朝聖首選,號稱最接近神的地方。

4 科隆文化和藝術的中心

至少預留時間
只參觀教堂
1~2小時
參觀教堂和周邊博物館
3~4小時

ⓘ

🏠Domkloster 3, Köln ☎(0)221 9258-4730 ⏰教堂週一至週六10:00~17:00、週日13:00~16:00 (禮拜時間不得參觀);塔樓9:00起,5~9月至18:00;3、4、10月至17:00,11~2月至16:00;寶物室10:00~18:00。 💰教堂免費,塔樓成人€6、優待票€3,寶物室成人€6、優待票€3;塔樓與寶物室聯票成人€10、優待票€5。 🌐www.koelner-dom.de ❗教堂禮拜時間及鐘樓施工關閉訊息請上官網查詢。

◎U-Bahn:或搭乘U5、16、18至Dom/Hbf站即達
◎S-Bahn:搭乘S6、S11、S12、S19 至科隆中央車站即達
◎火車:搭火車至科隆中央車站即達

 工程仍在進行式的科隆大教堂

1164年,神聖羅馬帝國的皇帝將存放於米蘭的三王聖龕,送給科隆的大主教,因此前來朝聖的信徒越來越多,原本主教堂容量有限,因此改建勢在必行。

1248年終於動工,1265年完成了主祭壇與聖詠台,但一直到1322年這座祭壇才開始正式使用;接下來的建設進度更是緩慢,時蓋時停,1560年後,教堂甚至完全停工,直到1842年普魯士王國興起,才為今日的規模重新打下基礎。

1880年,威廉一世將最後一塊基石放置於南鐘塔,算是象徵性的完工,但事實上,小規模的修繕工程卻從未停歇。

二次大戰時,大教堂因為非常醒目,在聯軍的刻意保存下而倖存,但仍受到了一定程度的損傷。時至今日,局部的維修工程依然沒有停過。

還有哪些哥德式建築名作?

米蘭大教堂

12世紀,中歐和北歐皆處於神聖羅馬帝國的管轄,一開始這些地區反對以哥德式風格取代羅馬風格,直到13世紀中期,才出現第一座真正的哥德式建築,而當時,這樣的風格早在法國、英國及西班牙風靡許久。

不過此後,哥德式風格迅速占了領導地位,科隆大教堂就是當時的著名作品。而除了科隆大教堂,巴黎聖母院和米蘭大教堂也是極其有名的哥德式建築。

怎麼玩科隆大教堂才聰明?

英文導覽 科隆大教堂每日14:00提供**英文導覽**,票價為成人€10、優惠票€8,行程約1小時,名額有限,請記得事先上官網預約。

好天氣很重要

陽光充足時,站在教堂裡欣賞彩繪玻璃會覺得更加絢爛迷人。

 內行人拍照地點

走過霍亨索倫橋,將橋和教堂一起拍進去才是最美的!

 夜間博物館

羅馬·日耳曼博物館和路德維美術館每月第一個週四的延長開放至夜間,後者17:00後門票還有優惠。

 塔樓入口在教堂外,主入口右手邊。

科隆:科隆大教堂

不只是外觀而已，教堂裡面更好看！

東方三聖人金聖龕
Shrine of the Three Kings

製於1181~1230年間的聖龕，也就是存放「東方三博士」遺骨的棺，「東方三博士」是《馬太福音》中提到耶穌出生時從東方帶著黃金、乳香和藥材前來參見的智者。因此他們日後成為了基督徒參拜的對象。

聖龕製作十分精美，裡面是木製，再鍍上金屬外殼；正面進行膜拜的東方三國王與聖母抱耶穌是純金打造的，仔細觀察可以發現在左邊其實還有一個國王，他是十字軍東征歸來的皇帝奧圖四世，就是他贈給教堂寶石及黃金製作聖龕，而放在其中以茲紀念。

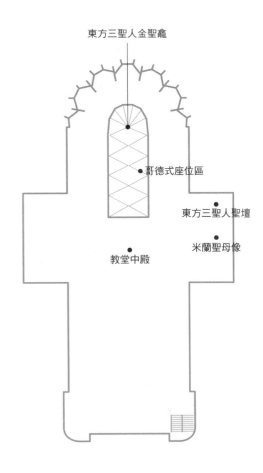

Did YOU KnoW
要看運氣才得以看得到的鎮館之寶

這東方三聖人金聖龕可説是科隆大教堂的鎮館之寶，平日周邊都是圍起的柵欄，遊客無法靠近，只有在重要彌撒日或節日才開放供民眾瞻仰，此時遊客可以順時針的方向排隊依序前進，再鑽過聖龕底部繞行一圈，祈求聖龕庇佑安康。

東方三聖人聖壇
Altar of the Magi

畫中聖母坐在寶座上，有三個東方國王在祈禱，聖嬰在聖母膝上接受大家的崇敬、朝拜。這是當時科隆市議會，為了和東方三聖人金聖龕相呼應，而請人繪製的神像。

Did YOU KnoW
紀念聖人烏蘇拉

傳説中，英國公主烏蘇拉率領一群少女前往羅馬朝聖，返家途中在科隆遭到異教徒的殺害，由於感念她信仰的虔誠，死後被追封為聖女烏蘇拉(St. Ursula)。

因烏蘇拉在科隆遇害，科隆除了有聖烏蘇拉教堂外，聖烏蘇拉也成了城市的守護神，在東方三聖人聖壇上，就是科隆中世紀知名畫家洛克納(Stefan Lochner)為其所繪的畫作——中央繪有東方三聖人朝拜聖嬰，右邊是當時的權貴世家，左邊就是聖女烏蘇拉。

東方三聖人金聖龕

哥德式座位區

東方三聖人聖壇

米蘭聖母像

教堂中殿

米蘭聖母像
Mailänder Madonna

這可能是1280年間大教堂的建築師阿爾諾德的作品，當初隨著東方三聖人聖物一起自米蘭來到科隆，也是早期哥德式雕塑的佳作。

哥德式座位區
Gothic Stalls

用大橡木製成的座位，建於1308至1311年，在當時堪稱相當大的座位區。目前這裡和東方三聖人金聖龕被圍了起來，需由導遊帶領才能進入座位區參觀。

飛扶壁

從古羅馬時期，拱形的石屋頂或拱頂一直是建築的重要關鍵，扶壁的作用就是不需厚重的磚牆，就可將拱頂的重量轉移到地面，在哥德式的建築中，扶壁是與建築主體分開的，不破壞原始建築又能達到保護的效果，又稱「飛扶壁」。

教堂中殿

科隆大教堂的中殿高約43公尺，有超過5,000個座位，是世界前幾大的教堂中殿，在裡面仰望屋頂更顯現出教堂的宏偉，難怪每年吸引了幾百萬的遊客來朝聖。

彩繪玻璃

位於正門入口處的彩繪玻璃窗，是在1842年，由巴伐利亞國王路德維一世，為慶祝大教堂破土600週年而贈送的禮物。這長達10,000多平方公尺的玻璃上，畫滿了《聖經》中的故事情節，天氣好的時候，光線經過彩繪玻璃照進來會折射出絢爛的光芒，也是教堂內的一大看點。中古世紀時，人們相信光就是上帝之愛。

塔樓登頂

爬完500多階的樓梯，登上150公尺高的塔頂，科隆和美茵河畔的景色一覽無遺，塔頂也是所謂「最接近神的地方」。帶著虔誠敬畏的心上來，一定會有海闊天空的感覺。

Did YOU KnoW

引爭議的彩繪玻璃

從19世紀留傳至今的彩繪玻璃，難免受到損壞需要重建，在大教堂唱詩堂迴廊南邊的一整面玻璃之前就進行了重建計畫，邀請藝術家創作比稿，最後由德國當代藝術家格里希特(Gerhard Richter)得標，但作品公開後引起了兩極反應。因為這是一片由72種顏色、11,263塊彩色玻璃隨機組成的抽象風格彩色玻璃窗，贊成的人如當代藝術評論家，認為該作品表現超越具象，人們可直接被作品氛圍感動、鼓舞。但反對的人如科隆總教區大主教，認為此扇窗更適合在清真寺或其他宗教的祈禱室，而不是在歷史悠久的天主教大教堂之中；如果是你，你會選哪一邊？

Did YOU KnoW

科隆有哪3K？

科隆從古羅馬時代的開墾屯兵至今，已擁有2,000多年歷史，整個環繞科隆大教堂至萊茵河畔街區，就是科隆的老城區，這裡除了大教堂(Dom)外，老城區還以教堂(Kirche)多和小酒館(Kneipen)多，加上每年2月左右的嘉年華會(Karneval)，共組科隆老城區的3K印象。

延伸行程

文化、藝術、時尚，三個願望一次滿足！

MAP P.178 B2

羅馬·日耳曼博物館
Römisch-Germanisches Museum

如何前往
位於科隆大教堂南側對面

Info

🏠Roncalliplatz 4, Köln

📞(0)221 2212-4438

🕐分館10:00~18:00(每月第一個週四至22:00)

🚫週二 💰分館成人€6、優待票€3

🌐roemisch-germanisches-museum.de/Startseite

❗本館目前整修中，館藏暫時移至Cäcilienstraße 46的分館展示。

博物館就從一塊酒神戴奧尼索斯(Dionysus)的馬賽克鑲嵌地板上開始修建，而這面描繪著狂喜神祇的地板，從3世紀初即完整保存至今。

羅馬·日耳曼博物館除了一個樓層展示3世紀時的羅馬地板，重現羅馬人居住房間外，最著名的便是一塊羅馬軍人的墓碑，墓碑主人名叫波普里修斯(Poblicius)，年代約在40年左右。而舊時羅馬人的日常生活用品，如珠寶、香水、鏡子、刮鬍刀、小朋友的寫字板等，甚至到死時的火化及石棺埋葬都有詳細介紹。

博物館展示著羅馬時期的歷史、各生活方式和項文物。

這是科隆第一家現代藝術美術館

MAP P.178 B2

路德維希美術館
Museum Ludwig

如何前往
位於科隆大教堂的東南側對面

Info

🏠Heinrich-Böll-Platz, Köln 📞(0)221 2212-6165

🕐10:00~18:00(每月第一個週四至22:00)

🚫週一

💰成人€12、優待票€8，18歲以下免費，每月第一個週四17:00後門票€7。

🌐www.museum-ludwig.de

路德維希美術館內收藏了由路德維希夫婦所捐贈的350件藝術品，包括普普藝術的收藏、抽象主義藝術品、先鋒主義及超現實主義的畫作，還有如畢卡索、達利、米羅等大師級作品。

在電影場景裡也出現過的Rimowa行李箱

博物館展示著歷年來Rimowa行李箱的發展沿革，也有行李箱的構造拆解。

Rimowa是1898年在科隆誕生的，因此，在科隆大教堂的不遠處坐落著Rimowa的旗艦店。

Rimowa旗艦店暨博物館
Rimowa Flagship Store & Museum

MAP P.178 B2

如何前往

位於科隆大教堂南側，步行約160公尺即達。

Info

⌂Hohe Str. 139　☎(0)221 1681-2079

🕐週一至週五10:00~19:00、週六10:00~18:00。

💲博物館免費

🌐www.rimowa.com

　來自德國的Rimowa，是以純聚碳酸酯材質製作行李箱的先驅，堅固、超輕、獨特的細節設計等，早已成為頂級旅行箱的代名詞。Rimowa旗艦店樓下是產品專賣店、2樓則設置成品牌本身小小的博物館。

浮誇也能生出一座世界遺產——奧古斯都堡

看到科隆大教堂的建築宏偉，不難猜到科隆大主教的權勢驚人；其中來自巴伐利亞王朝家族成員的科隆大主教奧古斯都(Clemens August von Bayern)，他不僅具有大主教身分，還是權傾一時的政治領袖，為了誇耀權勢，他於18世紀初在科隆近郊的布呂爾(Brühl)，建造了奧古斯都城堡與狩獵園(Schlösser Augustusburg und Falkenlust)，其為德國早期洛可可風格代表傑作，並於1984年列入世界遺產之列，直到德國遷都柏林前，也都是德國總統接待外國貴賓之處。

來到科隆，豈能不來杯**啤酒呼搭啦**！

彼特斯啤酒屋Peters Brauhaus

傳統德國料理

1544年，有家叫做「To Ring」的啤酒廠出現在科隆的舊城區，它就是彼特斯啤酒屋的前身，但因種種因素，它的釀酒業曾經停頓，目前的啤酒屋是1994年才重建的。餐廳內部寬敞，道地的德國料理選擇眾多，其中萊茵醋燜牛肉(Rheinishe Soorbrode)相當受歡迎，當然也別忘了品嚐自家釀造的啤酒。

🔺P.178C2 📍位於科隆大教堂南側，步行約350公尺即達。 🏠Mühlengasse 1 ☎(0)221 257-3950 🕐週一~週四11:30~23:00，週五及週六11:30~24:00，週日11:30~21:30 💲科隆啤酒€2.3起、主菜約€15~28 🌐www.peters-brauhaus.de

Peters Brauhaus
萊茵醋燜牛肉
€22.9
推薦菜

希翁啤酒屋Brauhaus Sion

傳統德式料理

Brauhaus Sion
Sion Sudpfannenputzer
€15.4~16.4
推薦菜

坐落於舊城區的希翁啤酒屋創立於1318年，是全科隆歷史最悠久的啤酒屋。店裡的裝潢洋溢著古老氣息，但是鎮日裡生意興隆，氣氛相當熱鬧。來到這裡當然要品嚐自家釀製的科隆啤酒，並搭配各式香腸、肉類、海鮮料理。

🔺P.178B2 📍位於科隆大教堂南側，步行約260公尺即達。 🏠Unter Taschenmacher 5-7 ☎(0)221 257-8540 🕐每天12:00~23:00 💲啤酒約€2.3起、主菜約€15~23 🌐www.brauhaus-sion.de/

信手拈來都是名作，德國美術館館藏第二多在這裡～

DIE BLUME EUROPAS

Meisterwerke aus dem ationalmuseum slau (Wrocław)

WALLRAF RICHARTZ MUSEUM
FONDATION CORBOUD

Juli 2006

造訪沃利夫‧理查茲美術館理由

1 館藏豐富，僅次於慕尼黑的古代繪畫陳列館。

2 作品多元，可以欣賞到多種畫風。

3 沒想到在科隆也可看到這麼多大師級名作！

MAP
P.178
B2

沃利夫‧理查茲美術館
Wallraf-Richartz-Museum

至少預留時間
只想隨意逛逛
1小時
深度參觀
3小時

館中收藏中世紀的科隆繪畫及15世紀珍貴的藝術作品，是德國在慕尼黑的舊美術館之外，蒐藏最豐富的。最特別的珍藏除了有古代科隆版畫、魯本斯、林布蘭等北方文藝復興時期的巨匠作品外，著名的印象派畫家如莫內、塞尚的作品也不少。定期也會有特展推出。

留意開放時間

美術館每月第1個及第3個週四延長到晚上至22:00，週一休館，前往時先**留意開放時間**。

博物館卡 如果在科隆不只參觀一間博物館，可以考慮買**科隆博物館卡**，效期兩天，啟用當天還可免費搭乘大眾交通工具；個人票€18，如果是全家出遊，則可以買家庭票€30(含兩大兩小)。

客製化導覽 可上網預約導覽美術館，唯採客製化服務，必須寫信告知想看的內容、日期和時間。

Obenmarspforten, Köln
(0)221 2212-1119
10:00~18:00(每月第1個及第3個週四至22:00)
週一
門票依特展內容有所變動，目前門票為成人€13，優待票€8，18歲以下免費。
www.wallraf.museum/

◎搭乘U5至Rathaus站，步行約2分鐘。
◎從科隆大教堂南側廣場沿Unter Goldschmied南行，至與Obenmarspforten的路口即達，全程約400公尺。

平日館內安靜，滿室畫作常讓人不經意就發現原來是出自名家之手。

莫內、梵谷、孟克、林布蘭等，都是**大師級**的**畫家明星隊**！

阿爾附近的吊橋
Langlois Bridge at Arles

Vincent van Gogh，1888年

梵谷很受歡迎的一幅作品，和一般印象派畫家的客觀呈現的手法不同，他的用色主觀大膽，這裡使用了大量的藍色，表現出他在這裡得到的寧靜。

睡蓮
Water Lily

Claude Monet，1915~1917年

莫內晚期的作品，這是睡蓮系列的其中一幅，他總共約畫了250幅描寫睡蓮的畫，用不同角度和光線去捕捉每個瞬間。

橋上少女們
Four Girls on the Bridge

Edvard Munch，1905年

少女們站在橋上，靠著欄杆，看似輕鬆的主題，卻讓人看了感到不安。這正是孟克獨特的個人風格，將他的焦慮和憂鬱強烈表現出來。

 ### 中古世紀畫家洛克納另一傳世之作

從中古世紀流傳至今的藝術作品，有許多是找不出作者的佚名之作，但難得的是，在科隆中古世紀的一位畫家洛克納(Stefan Lochner)，名字不但現諸史冊，至今還有兩幅重要作品傳世，一幅便是位於科隆大教堂裡的烏蘇拉祭壇畫，另外一幅就是在這座沃利夫・理查茲美術館中——Stefan Lochner在1448年所描繪的《聖母抱聖嬰圖》(Madonna of the Rose Garden)，畫中聖母安坐在玫瑰裝飾之下，作品內的玫瑰與聖母圖像微小又細膩，還鑲有金箔，十分引人入勝。

聞香而來，古龍水原來就是科隆之水！

延伸行程

店裡販賣包裝精美、送禮自用皆宜的香水。

科隆·沃利夫·理查茲美術館

香水博物館
Fragrance Museum Farina-Haus

MAP P.178 B2

如何前往
◎位於沃利夫·理查茲美術館西北方的街角
◎從科隆大教堂南側廣場沿Unter Goldschmied南行，至與Obenmarspforten的路口即達，全程約300公尺。

Info
⌂Obenmarspforten 21, Köln ☎(0)221 399-8994
🕐週一至週六10:00~19:00、週日11:00~17:00。
💶成人€8，9歲以下免費。　🌐farina.org/bienvenue/ ❗必須在專人導覽下才能入內參觀，請先在官網上預約中文或英語的場次。

　　「Eau de Cologne – Farina」這個世上最古老的香水品牌，其專賣店就在科隆市區，使用復古香水瓶盛裝的古龍水別有一番風味。而這個專賣店同時也是香水博物館，展示著18世紀以來的香水歷史。

Did YOU KnoW
古龍水原來來自科隆！
古龍水的名字即是來自於科隆這座城市，它最早是由一位義大利人John Maria Farina，在1709年時於科隆研發製造出來的，Farina將其命名為「Eau De Cologne」(科隆之水)，也使得科隆從此成為世界知名的城市。

Did YOU KnoW
古龍水其實男女皆宜

雖然一般認為古龍水好像就是男性香水，其實不然，古龍水指的是淡香水，女性一樣可以使用，就看你喜不喜歡這有點偏中性的香味了。

4711 Haus

MAP P.178 B2

如何前往
◎從沃利夫·理查茲美術館向西步行600公尺即可抵達，途經Obenmarspforten、Brückenstraße和Glockengasse
◎搭乘U3、U4、U5、U16、U18至Appellhofplatz站下車，沿Neven-Du Mont-Str.南行，左轉Glockengasse即達，全程約350公尺。

Info
⌂Glockengasse 4, Köln ☎(0)221 2709-9911
🕐9:30~18:30(週六至18:00) 🚫週日
💶每週六13:00有50分鐘導覽行程，費用為每人€7.5。
🌐www.4711.com

「4711」也是老牌的古龍水，在1792年由Wilhelm Muehlens研發成功，而4711這個數字是拿破崙征服歐洲各地時，在此所畫下的門牌號碼。

好吃又好看，
令人心花怒放的**甜蜜滋味**！

造訪巧克力博物館理由

1 看看巧克力如何被製作

2 認識各種不同的巧克力

3 坐在萊茵河畔欣賞美景配
上濃郁巧克力，好幸福！

遊客可在一顆結滿金色可
可豆的樹下，免費品嚐沾
著巧克力的餅乾。

科隆：巧克力博物館

MAP
P.178
C3

巧克力博物館
Schokoladenmuseum

至少預留時間
只想隨意逛逛
1小時
認真了解巧克力
2小時

　　建在萊茵河潟湖上的船形博物館，原名為「Imhoff-Stollwerck-Museum」，是
一間由私人經營的博物館，因為展示的主題是巧克力，所以常被稱為「巧克力博
物館」。館中展示了巧克力的起源以及發展過程，而全程透明化的製作程序，更
讓人折服於現代科技的進步。

怎麼玩巧克力博物館才聰明？

多種課程

博物館提供多種巧克力製作課程，親子課程60分鐘€35、成人課程90分鐘€48、大師課程120分鐘€59，請上網預約。

河畔美景

博物館外露天看台可欣賞到萊茵河畔風光，建議一定要來這裡走走。

ℹ️

🏠 Rheinauhafen 1a, Köln
📞 (0)221 931-8880
🕐 每日10:00~18:00 (最後入場時間為閉館前1小時)
🚫 每年休日不定，請注意官網公告。
💶 成人平日€15.5，週末及假日€17；6~18歲平日€9，週末及假日€10.5
🌐 www.schokoladenmuseum.de

搭133號公車到Schokoladenmuseum站即抵。

館內提供巧克力試吃，也可買各種巧克力回家享用。

在博物館外有一大片露天看台，遊客可在這裡欣賞萊茵河畔風光，看著不時從科隆出航的豪華觀光遊船，思緒也和他們一起沿著萊茵河航行，直到遠方的黑海彼岸。

離開科隆的周邊小旅行

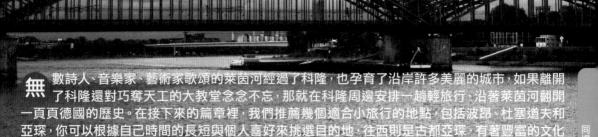

無數詩人、音樂家、藝術家歌頌的萊茵河經過了科隆，也孕育了沿岸許多美麗的城市，如果離開了科隆還對巧奪天工的大教堂念念不忘，那就在科隆周邊安排一趟輕旅行，沿著萊茵河翻開一頁頁德國的歷史。在接下來的篇章裡，我們推薦幾個適合小旅行的地點，包括波昂、杜塞道夫和亞琛，你可以根據自己時間的長短與個人喜好來挑選目的地，往西則是古都亞琛，有著豐富的文化遺產。而杜塞道夫和波昂都在萊茵河沿岸，如果時間寬裕，也可以和科隆串連成一條路線，沿著河一路往南遊歷。

科隆周邊

- 羅廷根 Ratingen
- ✈ 杜塞道夫國際機場
- 國王大道 Königsallee
- 杜塞道夫 Düsseldorf
- 尼安德塔人博物館 Neanderthal Museum
- 船博物館 SchifffahrtMuseum im Schlossturm
- 賓拉特宮殿 Schloß Benrath

N

← 往亞琛

- ● 科隆 Köln
- 萊茵河 Rhein
- 科隆-波昂機場 ✈
- 貝多芬故居 Beethovenhau
- 波昂大教堂 Münster-Basilika
- 波昂 Bonn ✝

◉ 景點　✝ 教堂　⛰ 城堡
✈ 機場　🏛 博物館

杜塞道夫 Düsseldorf
約40公里，30分鐘

科隆 Köln 出發

亞琛 Aachen
約190公里，1.5小時

波昂 Bonn
約30公里，30分鐘

萊茵河中游 The Midstrea, of Rhein
約110公里，1小時

※所有里程數及時間，皆以從科隆出發計算

193

去一趟車程才半小時，半天或一天遊時間都剛剛好

\ 推薦1 /

距離科隆
位於科隆南方
距離約30公里

高速火車路程
約0.5小時

👁 MAP
P.193,
194

波昂
Bonn

如何前往

從科隆中央車站搭高速火車IC或RB至波昂中央車站，全程約半小時，每小時都有班次。

前西德的首都，又一座受萊茵河孕育而生的城市。如今仍是德國的第2大政治中心，也是許多跨國集團總部所在。這些現代都市具備的機能卻無法影響波昂持續散發歷史古都深厚的底蘊。

漫步城市，會發現羅馬帝國留下的痕跡、普魯士王國的昔日榮光或前西德延續至今的繁榮，還可以朝聖一代樂聖的故居，欣賞這座城市優雅的姿態。

波昂市區

◎景點　✝教堂　◎火車站
◎學校　🏛博物館

◎貝多芬音樂廳 Beethovenhalle

Bertha-von-Suttner-Pl.
◎貝多芬故居 Beethoven-Haus

歌劇院 Opern-haus

市集廣場 Markt

市政廳 Rathaus

大教堂廣場 Münsterplatz

波昂大學 Universität Bonn

✝大教堂 Münster

🏛學術藝術博物館 Akademisches Kunstmuseum

波昂中央車站 Bonn Hauptbahnhof

萊茵河 Rhein

貝多芬已經成為這座城市的象徵了

🔊
波昂歡迎卡
Bonn Regio WelcomeCard
波昂歡迎卡景點的優惠非常豐富，許多博物館都可憑卡免費參觀。
💲(單位：€)

種類	適用範圍	單人	家庭卡
WelcomeCard Bonn	市區	10	19
WelcomeCard Bonn Plus	波昂及周邊城鎮	14	26
WelcomeCard VRS	VRS系統的聯外運輸	24	49

註：家庭卡適用2名成人和3名兒童

 龍岩堡的齊格飛屠龍神話

波恩近郊有個擁有7座小山的七峰山區(Siebengebirge)。其中一座龍岩小山(Drachenfels)，山頂有科隆大主教於12世紀蓋起的碉堡，但至今只留下廢墟。

龍岩堡其實有著有趣傳說，齊格飛是中古世紀德語史詩《尼伯龍根之歌》神話中的英雄人物，華格納著名歌劇《尼伯龍根的指環》便以他為主角──齊格飛力大無窮又勇猛果敢，他來到龍岩山，在此奮勇屠殺巨龍。

今日在龍岩山半山腰處，有富商蓋起的漂亮雄偉龍岩堡(Schloss Drachenburg)，供人參觀遊玩，此處展望極佳，俯視蜿蜒的萊茵河景致宜人。

波昂的市區交通

市區內有S-Bahn、U-Bahn、Tram和公車可供搭乘，交通非常便利。車票可在車站的自動售票機購買，持有城市歡迎卡則可在期限內任意搭乘。

同場加映：離開科隆的周邊小旅行

Highlights：在波昂，你可以看到～

貝多芬出生與度過童年的宅院已被完整地保存下來，整個宅院成為貝多芬的紀念博物館。

貝多芬為生計所迫，幼年即開始彈奏鋼琴賣藝賺錢，20歲出頭便前往維也納獻藝，自此一鳴驚人，並於維也納落戶定居。

貝多芬故居
Beethoven-Haus

貝多芬從1770年出生到1792年離家前往維也納前，都是住在這棟宅院。雖說是住在這裡，但因貝多芬全家生活窘困，僅是向友人租用其中的一小部分。

目前館內則展示貝多芬曾經演奏過的鋼琴、十餘歲時所演奏大風琴的鍵盤、晚年使用的喇叭形助聽器，和多張親筆手寫的樂譜手稿等，可說是愛樂迷的朝聖地。

每年於夏秋之際，波昂會在老城萊茵河畔的貝多芬廳(Beethovenhalle)舉辦國際貝多芬音樂節的精采節目，也是愛樂迷聆聽音樂饗宴的重要機會。

🚶 P.194 🚇從波昂車站步行，經市集廣場走入Bonngasse，右側即可看見，全程步行約700公尺。 🏠Bonngasse 20 & 24-26, Bonn ☎(0)228 981-7525 🕙10:00~18:00，閉館前30分鐘停止入場。 休週二 💰成人€14、優待票€7 ⓤ www.beethoven.de/

去一趟車程才半小時，
半天或一天遊時間都剛剛好

MAP P.193

杜塞道夫
Düsseldorf

如何前往

從科隆中央車站搭乘高速火車IC或ICE至杜塞道夫中央車站，車程約30分鐘，每小時都有班次。

13世紀被賜與城市地位的杜塞道夫曾有一段輝煌，工業革命後更邁進嶄新一頁，然而二戰卻摧毀了這座城市。戰後從一片廢墟中，杜塞道夫重新站起來；現在這個城市以紡織服飾業聞名，每年舉辦無數的服裝發表會，更有許多德國新秀服裝設計師在此創業，成為引導流行趨勢的新窗口。

處在萊茵魯爾都會區的核心地帶，在這裡可同時感受魯爾區剽悍的民風，和萊茵區濃郁的古典人文氣息。

杜塞道夫的市區交通

市區內有S-Bahn、U-Bahn、Tram和公車可供搭乘，交通非常便利。車票可在車站的自動售票機購買，持有城市歡迎卡則可在期限內任意搭乘。

杜塞道夫卡 Düsseldorf Card

持卡可免費搭乘市區運輸系統，參觀景點和博物館時也可享最多免費優惠。

⊙可在遊客中心、博物館與各大旅館購買。團體卡可供3名成人共用，家庭卡可供2名成人和2名14歲以下兒童共用。

⑤(單位：€)

種類	單人	團體或家庭
24小時卡	13.9	22.9
48小時卡	19.9	32.9
72小時卡	25.9	42.9

推薦2

距離科隆
**位於科隆西北方
距離約40公里**
高速火車路程
約0.5小時

古城的文化氣息加上發達的時尚產業，讓杜塞道夫的購物大街散發出高貴典雅的氛圍。

Highlights：在杜塞道夫，你可以去～

2 老城區

　　從國王大道至萊茵河畔，算是杜塞道夫的老城區，尤其是圍繞在萊茵河一帶，更是餐館與酒吧聚集地。此外，這裡還以眾多博物館而著名，例如若乘船從萊茵河碼頭上岸，碼頭邊一座美麗的塔樓，就是船博物館(SchifffahrtMuseum im Schlossturm)，裡頭可了解船運與船隻的發展歷程。

1 國王大道
Königsallee

國王大道因有整排栗樹夾道，典雅大宅與綠蔭交織的高雅氣氛，被譽為歐洲最雅致的購物天堂之一。有趣的是，被當地居民簡稱為「Kö」的國王大道，雖是最頂級的時尚大道，卻也因價格可觀，本地人多是以櫥窗消費居多，反倒是迷戀名牌的日本人，才會大包小包提著滿街走，因此這裡還有「日本中心」的戲謔說法。

🔺 P.193　從杜塞道夫中央車站搭上往老城(Altstadt)的任一線地鐵，在Königsallee站下車即達。　www.koenigsallee-duesseldorf.de

Did YOU KnoW

不要喝錯酒了！

位居萊茵河兩岸的科隆和杜塞道夫，昔日因科隆大主教地位崇高，杜塞道夫長期受其控制，直到杜城成功發起自由之戰，才取得獨立自主地位。

自此兩城居民常互看不順眼，科隆人嫌杜塞道夫人是鄉野匹夫，杜城人則嫌對方狡獪奸詐，影響所及，就是到訪科隆必喝科隆招牌啤酒──科什啤酒(Kölsch)，造訪杜塞道夫就是喝杜城特有的老啤酒(Altbier)，所以旅遊時也要入境隨俗，千萬別喝錯酒了。

Highlights：在杜塞道夫，你可以去～

③ 賓拉特宮殿
Schloss Benrath

位於杜塞道夫南邊的賓拉特，有一座外表典雅的洛可可式建築——賓拉特宮殿。

宮殿從外表上看似只有1層樓，宮殿內卻是4層樓、80個房間的寬廣結構，堪稱是巧妙的設計；而宮殿內的洛可可風格擺飾件件都優美華麗。當初建造宮殿的男爵原想把這裡用作打獵休憩的行館，但在完工後也只造訪過兩次。後來宮殿被北萊茵州政府收購作為博物館。

🗺P.193 🚇搭乘U72至Schloss Benrath站；或搭乘火車S6、RE1、RE5到Benrath火車站下車，步行約10分鐘即達。 🏠Benrather Schloßallee 100-106, Düsseldorf ☎(0)211 892-1903 🕙11:00~17:00 (週五14:00~17:00，週六及週日11:00~18:00) 休週三、四 💲成人€14，7~17歲€6 🌐www.schloss-benrath.de

 參觀Corp de Logis需加入導覽團，記得先上官網預約。

④ 尼安德塔人博物館
Neanderthal Museum

不知你是否會對教科書上的「尼安德塔人」感到好奇？尼安德塔人博物館內的展示，首先以物種演化、物競天擇為前提，介紹史前人類各個時期的狩獵、採集、農耕等生活型態，及氣候條件影響下的聚落型態、各種史前人類的生活樣貌等，豐富的復原模型與遺跡展示，都讓展覽生動有趣。

🗺P.193 🚇搭乘S28(Kaarst-Düsseldorf-Mettmann線)至Neanderthal站下車，再走一小段路即達。 🏠Talstr. 300, Mettmann ☎(0)21 049-7970 🕙10:00~18:00 休週一 💲成人€13、優待票€10、6~16歲€8.5、4~5歲€7，門票含英文語音導覽及新建的Höhlenblick塔。 🌐www.neanderthal.de

去一趟車程才半小時，
半天或一天遊時間都剛剛好

\ 推薦3 /

距離科隆
**位於科隆西方
距離約70公里**
高速火車路程
約50分鐘

這裡相當靠近比利時和荷蘭，三國邊界相鄰的地方也成了一個景點，城內最知名的景點是亞琛大教堂。

MAP P.193, 199

亞琛
Aachen

如何前往
從科隆中央車站搭乘高速火車RE至亞琛中央車站，車程約50分鐘，每小時都有班次。

亞琛是德國最西邊的城市。早在羅馬帝國時代，就是知名的溫泉療養勝地。查理曼大帝在位期間將這裡打造成文化中心，替這個城市留下了豐富的文化遺產。往後有32個神聖羅馬帝國的國王在這裡加冕。

這裡沒有大城市的喧囂，悠閒的步調和深厚的文化底蘊才是這座純樸小城的迷人之處。

> **亞琛市區交通**
> 由亞琛中央車站可搭乘公車至Elisenbrunnen，主要景點都集中在這一帶(舊城區)，可步行走完全區。

亞琛市區

珍寶館
Domschatzkammer

市政廳
Rathaus

Nobis香料餅屋

亞琛大教堂
Aachen Dom

腓特烈威廉廣場
Friedrich-Wilhelm Platz

亞琛劇院
Theater Aachen

N

Bomgasse

Theaterstr.

Aurelusstr.

Wallstr.

Bahnhofstr.

亞琛火車站

> ◎景點 ✛教堂 🚉火車站 🛍購物
> ⒦廣場 ⒢政府機關 ⒤遊客服務中心

Highlights：在亞琛，你可以去～

1 亞琛大教堂
Aachen Dom

768年出生於亞琛的查理曼大帝，其在位期間，讓亞琛成為帝國的政治中心，他於800年加冕為皇帝，並以「羅馬人的皇帝」自居。785年，他下令建造一座宮庭禮拜堂，就是今日的亞琛大教堂。這座教堂融合古典主義晚期與拜占庭的建築特色，牆壁佈滿了金碧輝煌的宗教鑲嵌畫，精彩程度被譽為德國建築和藝術史上的第一象徵，1978年被登錄為德國的第一個世界文化遺產。查理曼大帝於814年崩殂後，遺體就安葬在這座教堂內。

🔺 P.199
🚃 從亞琛中央車站步行約15分鐘。
🏠 Domhof 1, Aachen
☎ (0)241 4770-9145
🕐 週一至週四11:00~18:00，週五及週六13:00~19:00，週日13:00~17:30
💲 免費，歡迎自由捐獻。
🌐 www.aachendom.de

這座教堂外觀呈八角型，有著巨大的圓拱頂。

精美的洛爾泰十字架(Lothair Cross)製作於1000年，是神聖羅馬帝國國王為了紀念卡洛林王朝的洛爾泰王而做的。

2 珍寶館
Domschatzkammer

亞琛大教堂建成之後，曾經是32位國王加冕、多次帝國會議的重要場所，前來膜拜的信徒更是不絕於途，1350年，教堂西側增建了一座珍寶館，收藏教會珍藏的寶物，包括傳說中聖母瑪莉亞的聖物箱、查理曼大帝半身像的寶物箱等，收藏之豐富令人大開眼界。

🔺 P.199 🚃 從大教堂正門步行約1分鐘可達 🏠 Johannes-Paul-II-Str., Aachen ☎ (0)241 4770-9140 🕐 週一10:00~14:00、週二~週日10:00~18:00(1至3月10:00~17:00) 💲 成人€7、優待票€4 🌐 www.aachener-domschatz.de/

這裡不只有香料餅出名，還有各式各樣的餅乾、甜點。

3 Nobis香料餅屋
Nobis

在亞琛，幾乎到處都看得到在賣香料餅(Printen)的店家，這種香料餅吃起來其實就是薑餅，很甜、有薑等多種香料的香氣、大量加入巧克力，最早可能從比利時的迪南(Dinant)傳入，不過「Printen」這個字已經成為「亞琛香料餅」的註冊商標。
眾多品牌中，又以創立於1858年的Nobis最具知名度，在大教堂附近就可以找到3間分店，其中本店不但營業時間較長，還附設了咖啡廳。

🔺 P.199 🚃 從亞琛大教堂過Krämerstraße即可抵達 🏠 Krämerstraße 6, Aachen ☎ (0)241 968-000 🕐 週一至週五11:30~17:00、週六10:30~18:00 休 週日 🌐 www.nobis-printen.de

同場加映：離開科隆的周邊小旅行

超過十個景點，自己決定你的航線！

\推薦4/

距離科隆

位於科隆東南方
距離約110公里

高速火車路程

約1小時

流過西歐的心臟地帶，美麗的萊茵河
幾個世紀以來和無數作家、藝術家、
作曲家一同鋪寫出美好的作品。

MAP P.193, 202

萊茵河中游
The Midstrea, of Rhein

如何前往

從科隆中央車站搭乘高速火車ICE或IC至這趟遊船之
旅的起點柯布林茲的中央車站，車程約1小時，每小
時都有班次。

萊茵河的中游因為沿岸許多的古堡而成為
受歡迎的景點，也被列入了世界遺產。演變至
今，少數尚稱完整的古堡都已開放，收歸政府
所有的古堡也被重新整修過，闢為博物館供人
參觀。如今的萊茵河之旅，已成為德國浪漫經
典的旅遊聖地。

Did YOU KnoW
對文化遺產的省思

工業革命讓歐洲翻開了人類文明嶄新的一頁，
一日千里的同時，對快速發展的反思也漸漸出
現，浪漫主義在這樣的背景下興盛起來。人們
起先開始欣賞這些理所當然一直存在的文化
遺產，然後這些地方成了觀光勝地，於是人們
也開始重視這些文化遺產的維護、修復。

萊茵河中游圖

N

埃倫布賴特施坦因要塞
Festung Ehrenbreitstein

柯布林茲（德意志角）
Koblenz (Deutsche Eck)

蘭斯坦
Lahnstein

高貴岩宮殿
Schloss Stolzenfels

蘭河角城堡
Lahneck

博帕爾德
Boppard

馬克斯堡Marksburg

博帕爾德堡
Kurfürstliche Burg Boppard

萊茵岩城堡
Burg Rheinfels

鼠堡Burg Maus

聖高爾St. Goar

羅蕾萊之岩
Lorelei

美麗堡Schönburg

考布Kaub

史塔雷克城堡
Burg Stahleck

普法爾姿
伯爵石城堡
Insel Pfalzgrafenstein

素角城堡
Burg Sooneck

尼德漢巴赫
Niederheimbach

德雷丁斯郝森
Trechtingshausen

布羅姆斯城堡
Brömserburg

萊茵石城堡
Burg Rheinstein

呂德斯海姆
Rüdesheim am Rhein

埃爾特村
Eltville

往美因茲→

○ **萊茵河中游的遊河交通**

科隆－杜塞道夫德國萊茵遊輪公司
Köln-Düsseldorfer

🏠在沿線各城鎮碼頭處購票

☎(0)221 208-8318（總公司）

🕐4月底~10月初，每日有固定的順流航班。4月初~4月底，以及10月初~10月底也有船班，但是航次較少，航程也較短。

💶票價依距離遠近計算，單程€3~62，來回€5~68。4~13歲兒童一律€9，4歲以下免費，65歲以上長者最多可打8折。出示德鐵通行證票券也可享有8折優惠。

🌐www.k-d.com

勒斯勒爾遊船
Rössler Linie

🏠登船碼頭分別為：阿斯曼斯郝森在Hotel Krone對面的2號碼頭、萊茵石城堡碼頭、賓根8號碼頭、呂德斯海姆12號碼頭。

☎(0)6722 2353（總公司）🕐4~10月每日皆有航班

💶城堡巡遊之旅每人€16；呂德斯海姆經萊茵石城堡至阿斯曼斯郝森：單程€11.5，來回€16。5~16歲半價。

🌐www.roesslerlinie.de

羅蕾萊航線遊輪
Loreley-Linie Weinand

🏠羅蕾萊景觀之旅(Panoramafahrt zur Loreley)登船碼頭分別為：博帕爾德1、2號碼頭、考布(Kamp)4號碼頭、凱斯特爾特(Kestert) Städtischer Anleger碼頭、聖高爾6號碼頭、聖高爾斯郝森2號碼頭。

☎(0)6773 341

🕐4~10月每日9:00~16:15有6船班從博帕爾德出發

💶單程€14，來回€18。4~12歲半價。

🌐www.loreley-linie.de

賓根－呂德斯海姆定期遊船
Bingen-Rüdesheim Fahrgastschiffahrt

🏠呂德斯海姆8號碼頭、賓根4號碼頭

☎賓根(0)6721 308-080、呂德斯海姆(0)6721 308-0824

🕐4~10月每日10:30~18:45，班表經常變動，詳細時刻表請上官網查詢。

💶單程€2.9，來回€4.9，6~14歲半價。

🌐www.bingen-ruedesheimer.com

Highlights：參加萊茵河遊船，你可以去～

① 德意志角
Deutsche Eck

在萊茵河與莫色耳河(Mosel)交匯處的三角形地帶，就是萊茵河中游著名的德意志角。威廉一世於1888年駕崩後，孫子威廉二世便開始為他尋找矗立紀念碑的地點，直到3年後才選定放置於德意志角。從德意志角可前往舊城區遊玩，還可到位於莫色耳河邊的葡萄酒村參觀品酒。

🚠 P.202 🚢 從柯布林茲觀光碼頭沿萊茵河岸北行即達；從柯布林茲中央車站步行穿過舊城區前往約需25分鐘。

要塞內還設有萊茵河博物館、餐廳，和全德最大的青年旅館，遊客可住在碉堡要塞內，體驗軍事重地的肅穆氣氛。

雄峙在突出岬角上的騎馬銅像，是德意志帝國第一任皇帝——威廉一世(Wilhelm 一)，但銅像在二次大戰中被砲火擊毀，今日看到的紀念碑重建於1953年。

② 埃倫布賴特施坦因要塞
Festung Ehrenbreitstein

埃倫布賴特施坦因要塞的城廓模樣，是普魯士王室以古典樣式重建後的風貌。遊客若想要飽覽柯布林茲的城區景色與相對位置，最好的辦法就是來到埃倫布賴特施坦因要塞內居高鳥瞰，萊茵河畔的柯布林茲市容便能盡入眼中，連穿梭在河道之間的船隻及著名的德意志角也都全部入鏡。

🚠 P.202 🚢 從柯布林茲中央車站乘公車至德意志角/柯布林茲纜車站，再搭乘纜車直達要塞。若搭乘KD遊船，KD碼頭即在德意志角纜車站附近。 🏠Festung Ehrenbreitstein, Koblenz ☎(0)261 6675-4000 🕙10:00~18:00(11~3月至17:00) 💲成人€8，7~17歲€4。與柯布林茲纜車聯票：成人€19，7~17歲€8.6 🌐tor-zum-welterbe.de/festung-ehrenbreitstein

③ 高貴岩宮殿
Schloss Stolzenfels

高貴岩宮殿是萊茵河浪漫主義時期的重要建築代表作

高貴岩宮殿13世紀由特里爾大主教阿爾諾德(Arnold von Isenburg)所建，1823年，高貴岩宮殿落入普魯士王室的威廉腓特烈大王子手中，仍以中世紀的建築風格，對宮殿進行整修擴建。由於威廉腓特烈大王子與其王妃曾在此宮殿居住過，至今幾個主要房間內仍擺飾古早時期極有價值的古董家具。此外，宮殿內於各世紀所增建的建築，如守衛塔樓、瞭望台、城牆、中庭、門廊等，都具有各時期不同的風格。

🚠 P.202 🚢 從柯布林茲中央車站前搭670號公車往博帕爾德方向，於Stolzenfels-Schlossweg站下車，再步行上山。車程約10分鐘。 🏠Festung Ehrenbreitstein, Koblenz ☎(0)261 6675-4850 🕙2月~3/14、11月週六、週日及公眾假日10:00~17:00，3/15~10月週四至週日及公眾假日10:00~17:00。 休12月~1月 💲成人€5，優惠票€3 🌐tor-zum-welterbe.de/stolzenfels

宮殿的位置正好俯視著蘭河流入萊茵河

同場加映：離開科隆的周邊小旅行

Highlights：參加萊茵河遊船，你可以去～

④ 馬克斯堡 Marksburg

馬克斯堡從13世紀開始興建，擁有絕佳的攻防位置，而後在17世紀時，還進行了最大規模的擴建，當時進城的吊橋被增為25公尺長的把關隧道，城堡外牆增設了7門大砲，內牆則加強了通道與瞭望塔樓等。

現今，城堡內部設立德國最大的城堡博物館，館內保有原貌的騎士廳、中古世紀武士們戰鬥的各式武器，和城堡內各種原始布置，讓人一覽中古時期城堡生活的真實面貌。

⚲ P.202 ◉ 由布洛巴赫碼頭沿指標走到城堡約25分鐘。 ⌂ Marksburg, Braubach ☎ (0)2627 206 ⏰ 3月中～10月10:00～17:00、11～3月中11:00～16:00。 休 12月24、25日。 💲 成人€11、優待票€8，6歲以下免費。 🔗 www.marksburg.de

馬克斯堡稱得上是萊茵河畔最壯觀、保存最好的古堡之一，也是唯一完整保存中世紀建築格局的城堡。

四湖景的由來

因為萊茵河在此地有一處大轉折，從這裡望向曲折蜿蜒的萊茵河，有如四處分隔的湖泊，因此才叫「四湖景」。

⑤ 博帕爾德纜車 Boppard Sesselbahn

14世紀時，博帕爾德在特里爾選帝侯巴爾杜因(Balduin)的主導下，就成為較早形成的帝國自由貿易城市。

今日搭纜車登上海拔302公尺的制高點，可以眺望萊茵河被稱為「四湖景」(Vierseenblick)的特殊美景。自山上再步行一小段路，還可來到稱之為「格登斯角」(Gedeonseck)的展望台。

⚲ P.202 ◉ 搭乘火車或遊船至Boppard火車站或碼頭 ⌂ Mühltal 12, Boppard ☎ (0)67 422-510 ⏰ 4月上半10:00～17:00、4月中～9月10:00～18:00、10月上半10:00～17:30、10月下半10:00～17:00。 休 11～3月 💲 成人單程€7.5，來回€11；14歲以下單程€4.5，來回€6.5。 🔗 www.sesselbahn-boppard.de

從格登斯角觀看萊茵河的河道，恰好是180度的圓形大轉彎，被稱為萊茵河的「馬蹄鐵彎處」。

🔊 參觀城堡需參加導覽團，每梯行程50分鐘；英語導覽團時段可上網查詢。可向導覽員索取中文解說單。

⑥ 萊茵岩城堡 Burg Rheinfels

鄰近聖高爾的萊茵岩城堡，於1245年由貓肘子伯爵家族(Katzenelnbogen)所建，並使成為經濟與政治的權力中心，直到該家族於1479年滅亡後，才易主更替。 當新領主接收城堡後，不但增強外牆結構，還把城堡整修成文藝復興風格的樣貌。它的輝煌記錄發生在1692年一場戰役，城堡以4,000守軍，擊退擁有28,000之眾的法王路易十四，成為萊茵河沿岸唯一未被法軍拿下的城堡。

⚲ P.202 ◉ 從聖高爾碼頭走到城堡約15分鐘，5～10月也有從聖高爾市集廣場至城堡停車場的接駁車。 ⌂ Schlossberg, St. Goar ☎ (0)67 417-753、(0)67 413-83 ⏰ 城堡9:00～18:00 (17:00後停止進入)，博物館3月中～11月初10:00～17:30。 💲 成人€6、6～14歲€3 🔗 www.romantischer-rhein.de/a-burg-rheinfels、www.stadt-st-goar.de/urlaub-in-st-goar/#rheinfels

🔊 每年9月的第3個週六，在聖高爾會舉行光彩奪目的萊茵火祭(Rhein in Flammen)，屆時不但整座城與城堡都會燈火通明，更有繽紛燦爛的煙火表演，連萊茵河一帶的纜車都會延長營業。

城堡昔日也曾損壞，直到19世紀中葉，普魯士的王子得到這座城堡後，才重新加以保護與整建。

德國著名詩人海涅(Heinrich Heine)曾為這則羅蕾萊的故事譜上詩作，因而讓女妖傳說永垂不朽。

8 美麗堡 Schönburg

🏔 P.202 🚗 搭乘火車或遊船至歐博威瑟，再沿Rheinlanderweg上山。🏠 Auf Schönburg, Oberwesel am Rhein ☎ (0)67 449-3930 🌐 www.burghotel-schoenburg.de

美麗堡建造的時間可追溯到10世紀，因為替歐博威瑟小鎮收取過路關稅之故，此地也成為萊茵河一帶極為富有的城鎮。14世紀時，美麗堡擴建成為家族居住的大型城堡，可惜同樣在與法國之間的戰鬥中，被法王路易十四的軍隊所毀，直到1885年，城堡主人才把城堡重新整修。

如今美麗堡的一部分改建為城堡旅館及餐廳，相當受旅人們的喜愛。

同場加映：離開科隆的周邊小旅行

7 羅蕾萊之岩 Lorelei

就在萊茵河右岸的聖高爾斯郝森(St. Goarshausen)近郊，有一塊高聳的岩石垂直矗立於河水中，名為羅蕾萊之岩。因為此處水勢較急，河底又藏有暗礁，時常造成萊茵行船者的困擾，因而衍生出女妖干擾航行的傳說。

其實羅蕾萊岩石的山上，早已被闢為一座大型露天表演場地，例如20多年前U2樂團還未全球走紅時，就曾在羅蕾萊上辦過演唱會，如今此地仍是熱門表演場所。

🏔 P.202 🚗 搭乘萊茵河遊船往聖高爾段航程中即可看到；從聖高爾斯郝森火車站步行約30分鐘可達。🏠 St. Goarshausen

普法爾姿伯爵石 9 Insel Pfalzgrafenstein

這座城堡建於1325年，最初興建的目的是為了向過往船隻徵收通行稅，1326年來自巴伐利亞的路易王還曾住過此地。而原本一直作為萊茵河瞭望關卡與收稅關口之用的石船，因1813年的除夕夜時，普魯士軍隊在此島上藉著浮橋之助，快速渡過萊茵河，追擊撤退中的拿破崙軍隊，成就普魯士王國打敗法國的重要戰役，使得此地一夕成名。

🏔 P.202 🚗 前往普法爾姿伯爵石需從考布(Kaub)渡船碼頭搭船，若搭乘KD遊船，從美因茲航程2小時55分鐘，從呂德斯海姆船程1小時10分鐘。🏠 Zollburg Pfalzgrafenstein, Kaub ☎ (0)261 6675-4870 ⏰ 2月～3月中及11月，週末及週日10:00~12:45、14:00~15:45，3月中~10月，週四至週日10:00~12:45、14:00~16:45 (關門前45分鐘停止進入)。休 12月~1月。💲 成人€7，兒童€4，8歲以下免費 (門票含渡船船票)。🌐 tor-zum-welterbe.de/pfalzgrafenstein ⚠ 當萊茵河水位過高或過低時，城堡將會關閉。

奇特的造型加上特殊的地理位置，使得這座城堡名聲響亮。法國大文豪雨果到此一遊時，也曾寫下詩句：「一艘石造的船，永遠漂流在萊茵河上……」

Did YOU KnoW

讓人走向死亡的女妖歌聲

傳說美麗的金髮女妖居住在岩石上，每當有船隻經過，她便引吭高歌。在她的歌聲中有股令人無法抗拒的魔力，讓人不由自主地想要靠近，因而造成許多船隻觸礁，船毀人亡。但其實羅蕾萊之岩一帶因為水勢、暗礁與山岩的緣故，本來就是險惡航段。

城堡以精緻優雅的外貌聞名，今日部分改建為青年旅館，遊客可前往一遊或投宿在城堡內，親自感受萊茵風光與傳奇。

10 史塔雷克城堡
Burg Stahleck

1142年，黑爾·史塔雷克(Hermann von Stahleck)伯爵與繼承者們，成功界定了邦國領土的邊界，以葛登岩城堡(Burg Gutenfels)、普法爾姿伯爵石(Pfalzgrafenstein)、史塔雷克等城堡，連成一道堅強的領土防衛線，由此也可看出史塔雷克城堡在地理位置上具有的重要戰略意義。

城堡於17世紀的三十年戰爭後重建，卻又毀於對抗法軍的戰爭中，最後在1925年於遺址上再度重修，於1931年完成今日的城堡風貌。

🚶 P.202 🚗 遊客可從巴哈拉小鎮循著通往城堡的標誌步行前往，約25分鐘路程。 🏠 Burg Stahleck, Bacharach ☎ (0)6743 1266 🌐 www.diejugendherbergen.de/jugendherbergen/bacharach

古堡露台有一間視野極佳的咖啡館，可以眺望萊茵河兩岸的景色。

11 萊茵石城堡
Burg Rheinstein

萊茵石城堡在10世紀初原本是神聖羅馬帝國皇帝的別館，17世紀時被重新整建，又於1825年被普魯士的威廉胖特烈王子(Friedrich Wilhelm)買下，改建為新哥德樣式，而它也就成為萊茵河沿岸最早被重建的城堡之一。

現在城堡內部作為博物館開放參觀，展示從前的武器、甲冑、古董、建築裝飾等與古堡有關的歷史物件。

🚶 P.202 🚗 可搭乘Rössler或Bingen-Rüdesheimer Fahrgastschiffahrt的遊船直接到萊茵石城堡下的碼頭。若是搭火車到Trechtingshausen，小鎮內有條約2公里的步道，可讓遊客散步到萊茵石城堡。 🏠 Burg Rheinstein, Trechtingshausen ☎ (0)6721 6348 🕐 3月中~11/3每日10:00~17:30，11/4~11/22週六及週日11:00~16:30，11/23~12/12聖誕節市集期間12:00~19:00，每年開放時間會變動，請上官網查詢。 休 12月底~3月中 💲 成人€9.5，5~14歲€5.5 🌐 www.burg-rheinstein.de

12 布羅姆斯堡暨葡萄酒博物館
Rheingauer Weinmuseum Brömserburg

呂德斯海姆素有「酒城」之稱，小鎮內酒館林立，想知道為何會有此稱號，只要走到小鎮後方的山坡上，眺望滿山遍谷的葡萄園，便一目瞭然。

呂德斯海姆有座萊茵河沿岸最古老的城堡，即為建於9世紀的布羅姆斯堡，如今城堡被闢為葡萄酒博物館。

🚶 P.202 🚗 搭乘火車至Rüdesheim (Rhein)站，或搭乘KD遊輪至至Rüdesheim碼頭。從火車站或碼頭步行約2分鐘可達。 🏠 Rheinstr. 2, Rüdesheim am Rhein ☎ (0)67 222-348 🌐 www.rheingauer-weinmuseum.de

博物館展示各種釀造葡萄酒的工具，有助愛酒人士了解此地葡萄酒的歷史。

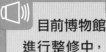

🔊))) 目前博物館進行整修中，暫時關閉。

同場加映：離開科隆的周邊小旅行